HOKKAIDO
北海道
SAPPORO 札幌
MORIOKA 盛岡
YAMAGATA 山形
NIIGATA 新潟
HONSHU
本州
NAGANO 長野
KANAZAWA 金沢
TAKAYAMA 高山
TOKYO 東京
YOKOHAMA 横浜
Fuji
富士山
KYOTO 京都
NARA 奈良
OSAKA 大阪
Koyasan 高野山
N
W
O
S
Pazifischer Ozean
北太平洋
LEGENDE
Großstadt
Stadt
Berg

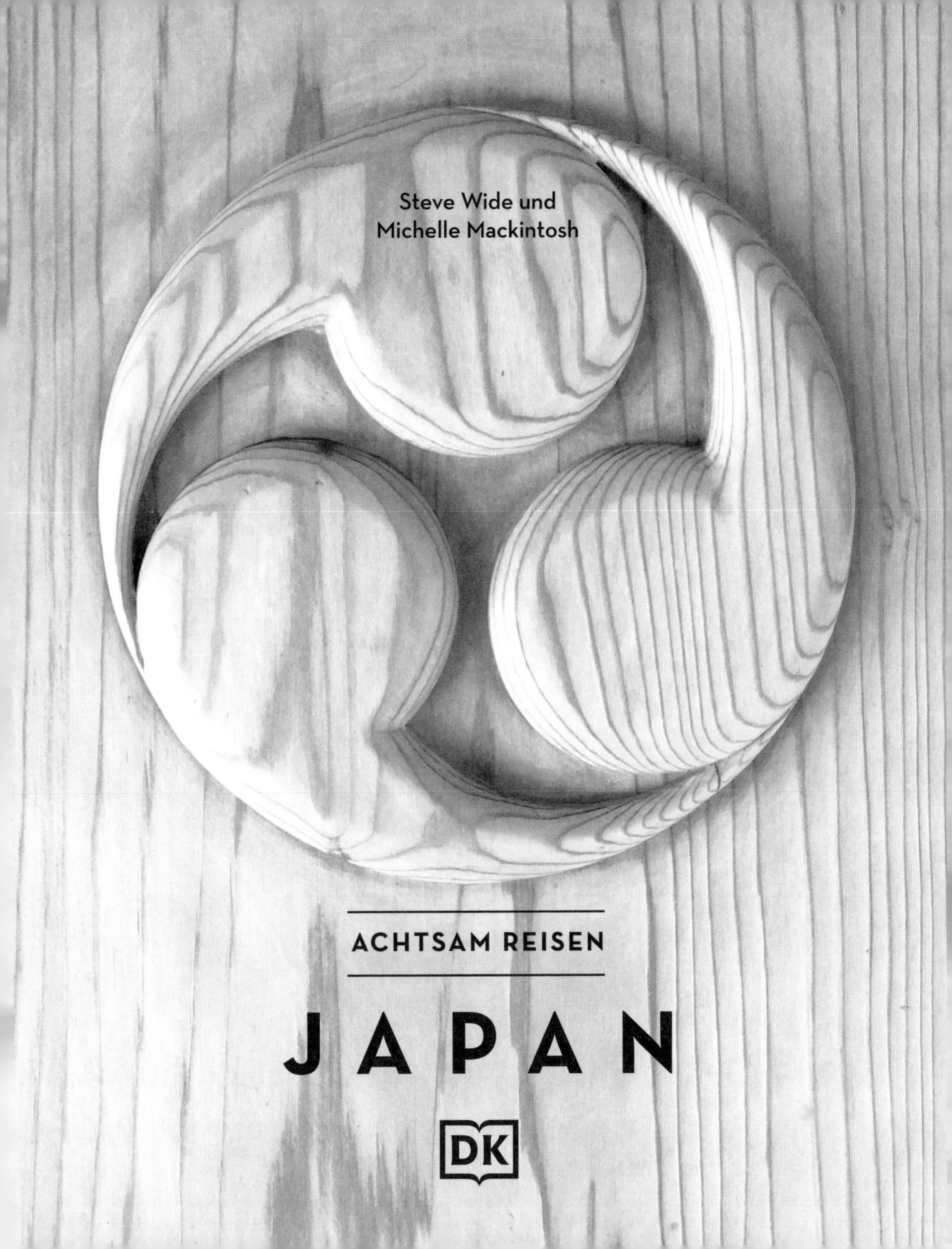

Steve Wide und
Michelle Mackintosh

ACHTSAM REISEN

JAPAN

DK

念

INHALT

UNSER JAPAN

»Fürchte dich nicht, langsam voranzugehen, fürchte dich vor dem Stillstand.«
Japanisches Sprichwort

Wir erwachen und sind von einem Duft aus grünem Tee, gegrilltem Fisch und dem Geruch von Holz und *tatami* umgeben. Das Morgenlicht wirft Schatten auf die *Shoji*-Fenster in unserem *ryokan* (traditionelles Gasthaus). Unser Frühstück ist für 8 Uhr bestellt, und so verlassen wir unser Bett, ziehen unsere *yukata* (Sommerkimono aus Baumwolle), *tabi* (Socken) und *zori* (Sandalen) an und schlendern durch den langen, schmalen Korridor zum Frühstücksraum. Winzige Schneeflocken treiben träge vom Himmel, und an den Fenstern klammert sich Eis, obwohl der Tag hell und klar aussieht.

Unser Kellner bringt eine Kanne *hojicha* (grüner Tee) und kleine Gläser mit Apfelsaft (die Gegend um Yudanaka ist berühmt für ihre Äpfel). Auf unserem Tisch erscheinen kunstvolle Gerichte: Berggemüse, ein perfekt gekochtes Ei, gegrillter Fisch, eingelegtes Gemüse und Reis sowie eine kleine Schale mit Joghurt und frischem Obst. Es erscheint fast zu viel – doch die Gerichte sind optimal portioniert und ergänzen einander wunderbar.

Während des Frühstücks planen wir unseren Tag, wobei wir darauf achten, Pausen einzubauen – gemäß dem japanischen Konzept *ma*, dem wir bei unseren Reisen immer gern folgen. Wir gehen zurück in unser Zimmer, holen unsere *Onsen*-Utensilien (Handtücher, Toilettenartikel und Haarbürste) und machen uns auf den Weg zum Momoyama-Bad, einem »Materiellen Kulturgut« aus der Edo-Zeit (1603 – 1867). Ein Eingang ist mit blauen *Noren*-Vorhängen aus Leinen mit dem *kanji* für Männer 男 versehen, der andere mit rosaroten Leinen-*noren* mit dem *kanji* für Frauen 女. Die Bäder werden abwechselnd benutzt, sodass wir beide das Badeerlebnis genießen können.

Am Vorabend erlebte Michelle eines der besten Bäder ihres Lebens. In einem exquisiten, großen, sanft beleuchteten *rotenburo* (Außenbecken) inmitten eines formalen Gartens badete sie im warmen gelben Licht der Laternen und bewunderte dabei die wunderschöne historische Holzfassade des Gebäudes. Während der Dampf aus dem vulkanischen Wasser aufstieg, fiel sanft Schnee auf ihren Kopf und ihre Schultern. Mit geschlossenen Augen tauchte sie ihren von der Reise erschöpften Körper in das Wasser und spürte, wie Stress und Gedanken ihren Geist und ihren Körper verließen und in den Äther schwebten.

Nun ist Steve an der Reihe. Er schlendert durch die *noren* und räumt seine Kleidung in den Spind. Im Freien empfängt ihn erfrischende Winterluft. Er lässt sich in das heiße Wasser sinken, blickt auf einen üppigen Garten mit einer auffälligen großen Steinlaterne und genießt ein perfektes Bad. Später treffen wir uns wieder in unserem Zimmer und erzählen uns gegenseitig von unseren Badeerlebnissen.

So wie der Morgen verläuft unser weiterer Tag. Wir gehen behutsam voran und achten auf jeden Schritt. Wir nehmen das leuchtende Grün der Blätter des Winterwalds wahr, das pudrige Knirschen des Schnees und beim Mittagessen die tiefdunkle Farbe der Lackware für unsere Misosuppe und die raue Textur unserer Keramik-Teetassen. Wir unterhalten uns über das Licht, das durch das Laub der Bäume dringt. Denken an jene, die den Weg vor uns gegangen sind. Wenn wir auf ein Hindernis stoßen, nehmen wir die Änderung unser Pläne einfach zur Kenntnis, gehen weiter – und wissen, dass wir uns auf ein weiteres Abenteuer einlassen.

Das ist unser Japan.

JAPANISCHE PHILOSOPHIE

Japan hat uns gelehrt, wie wir leben möchten. Es hat uns gelehrt, dem Reisen einen neuen Fokus zu geben, die Schönheit des Alltags zu erkennen, die Natur und ihre Jahreszeiten, Blüten, Blätter und Schneeflocken wertzuschätzen. Kleine Dinge wie die Zeit, die wir uns nehmen, um bei einer Tasse Tee in Ruhe nachzudenken oder still zu beobachten, wie das Licht die Schatten um uns herum formt, sind nun untrennbar mit der Art und Weise verbunden, wie wir zu Hause leben.

Die buddhistischen und shintoistischen Glaubensvorstellungen, die Japans Gesellschaft prägen, handeln von der Verbindung zur Natur und Vergänglichkeit. Sie ermutigen uns, freundlich und mitfühlend zu sein, Einfachheit und Besinnung zu praktizieren, zur Gänze zu leben und zu lieben und kleine Dinge wahrzunehmen.

Um Japan zu verstehen, muss man das Wesen der alten japanischen Kultur aufspüren, in kleine Orte reisen, zu Fuß oder mit dem Rad Seitenstraßen erkunden, für zufällige Begegnungen stehen bleiben und versuchen, wie die Einheimischen zu leben. Das Vergangene prägt die Gegenwart. Drucke auf Kimonos spiegeln eine zeitgenössische Moderne wider. Das Design eines Roboters kann vom Zen geprägt sein. Was für westliche Augen unfertig aussehen mag, ist sorgfältig durchdacht. Dieses Land ist so vielschichtig, dass wir nur einen winzigen Bruchteil der Facetten erfasst haben.

Japan zelebriert eine Kultur, die das Betrachten des Monds verehrt, den Wechsel der Jahreszeiten mit Festen begeht und saisonal isst. Es feiert seine herrliche Natur, vom *shinrin yoku* (Waldbaden) bis zu den schönen Parks und makellos gepflegten Gärten in den Städten. Die Züge sind schnell und effizient, das Baden in *onsen* (heißen Quellen) und *sento* (normalen Wasserbädern) ist für alle erschwinglich und entspannend, und die Pilgerwege werden wie vor Jahrhunderten begangen. Die Stille liegt im Alltäglichen, die Ruhe in den schnell schlagenden Herzen der Städte.

So ist der Lauf der Dinge in Japan. Die wahre Kunst der Achtsamkeit. Begleiten Sie uns zu unseren schönsten Erlebnissen, Lieblingsmomenten und -orten. Bleiben Sie dicht bei uns und schreiten Sie behutsam voran.

WORK-LIFE-BALANCE UND DER EINFLUSS DES REISENS

Jeder scheint mehr und länger zu arbeiten. Mit Mobiltelefonen und Tablets dringt die Arbeit in unsere Freizeit, unsere Nächte und unsere Wochenenden ein. Nur schwer entkommt man den E-Mails, Anrufen und nicht enden wollenden Terminen. Doch wenn uns die Möglichkeit fehlt zu entschleunigen, und erlaubt unser Leben keine Auszeiten für achtsame Erfahrungen, kann sich unsere »Verdrahtung« verheddern. Die Denkprozesse verlangsamen sich, das Einfühlungsvermögen lässt nach, die Produktivität sowie unsere allgemeine Zufriedenheit, unsere Wertschätzung des Lebens und unsere Freude am Leben sinken. Wir verlieren uns selbst.

In der heutigen Zeit, einer Ära des Wandels und der Entwicklung, haben es die westlichen Gesellschaften verpasst, eigene Vorstellungen von Achtsamkeit zu entwickeln. Infolgedessen suchen wir oft in östlichen Philosophien nach Konzepten eines wirklich achtsamen Lebens. In dem Streben nach Methoden der Achtsamkeit, die zu unserem Lebensstil passen und sich in die moderne Work-Life-Balance integrieren lassen, hat sich der Westen Ideen und Praktiken aus der ganzen Welt, aus verschiedenen Kulturen und Religionen zusammengesucht.

Achtsamkeit umfasst eine bunte Vielfalt von Konzepten: Wellness-Behandlungen, Philosophien, religiöse Überzeugungen, Selbstfürsorge, Ernährung, Bewegung und vieles mehr – doch letztlich geht es im Kern darum, die Umgebung wahrzunehmen, im Augenblick präsent zu sein und bewusst das natürliche und spirituelle Wohlbehagen zu genießen, das sich einstellt, wenn man entschleunigt, sich Zeit nimmt und täglich eine Heilung von Körper und Seele zulässt.

In Japan ist Achtsamkeit in den Alltag integriert. Sie wird in der Teezeremonie, beim Baden in *onsen* (heißen Quellen), in der Kalligrafie, im Ikebana, in Meditationsübungen und im *shinrin yoku* (Waldbaden) praktiziert. Man findet sie bei Aufenthalten in Tempeln und *ryokan* (traditionelle Gasthäuser) sowie bei buddhistischen *shojin ryori* (vegetarische Bankette), die natürlich, einfach und gesund sind und dennoch ein tiefes Gefühl von Luxus und Genuss vermitteln. Gärten und Parks sind gestaltete Räume, in denen die Menschen die wahre Schönheit der Jahreszeiten intensiv erleben können. Bepflanzung und Anordnung ermöglichen ruhige, inspirierende Spaziergänge. Entschleunigen und die Umgebung wahrnehmen, die Schönheit der Natur und des Alltäglichen wertschätzen, den eigenen Platz in der Welt bestimmen – all das ist Teil der japanischen Lebenseinstellung.

Auf Reisen in Japan sammelt man Erfahrungen, durch die man ein tieferes Verständnis der Achtsamkeit entwickeln kann. Wer sich seine Reiseerfahrungen zu Herzen nimmt, kann die japanische Achtsamkeit auch in seinen eigenen Alltag integrieren.

PLANVOLL REISEN

Eine Reise zu planen, kann aufregend und entmutigend sein. Wir reisen immer zu einem bestimmten Zweck nach Japan, wie dem Besuch einer Präfektur, die für ihr Essen, ihre *onsen* oder ihr Kunsthandwerk bekannt ist, um Blüten oder Laub zu sehen. Dem Geburtstag eines Freunds, Weihnachten, einer Ausstellung. Sie könnten sich von uns inspirieren lassen und etwa zu Kreativkursen, zum Waldbaden oder Wandern auf einem Pilgerweg nach Japan reisen. Planen Sie vorab, informieren Sie sich über die Witterung, wählen Sie eine Jahreszeit, die Ihnen zusagt.

Ein Japan-Urlaub birgt viel Ungewöhnliches, andere Lebensmittel und Verkehrssysteme. Hier fühlt man sich leicht gestresst, wenn die Dinge nicht nach Plan verlaufen. Nehmen Sie sich immer wieder Zeit zur Besinnung, um Unerwartetes zu bewältigen. Trinken Sie unterwegs eine Tasse Tee und schließen Sie kurz die Augen. Setzen Sie sich auf eine Parkbank in einer Grünanlage oder an einem ruhigen Ort, um Ihre Gedanken zu sammeln. Denken Sie nach, bevor Sie sprechen. Überbrücken Sie keine Gesprächspausen, sprechen Sie, wenn nötig, selbstbewusst und leise.

Achten Sie darauf, zu entschleunigen und Ihr übliches hektisches Arbeitstempo hinter sich zu lassen. Nehmen Sie sich Zeit für sich selbst, entrümpeln Sie Ihren Kopf. Ein guter Urlaub sollte erfrischen, entspannen und inspirieren. Ihnen Freiraum geben, über Ihr Leben nachzudenken und eine Bestandsaufnahme zu machen. Ihnen helfen, neu herauszufinden, was Ihnen wichtig ist. Und natürlich gibt es keinen besseren Ort für einen solchen Urlaub als Japan.

Vor allem aber sollten Sie Ihren Urlaub schon vor der Abreise im Kopf beginnen. Sie können die Vorfreude steigern und einen Reiseplan aufstellen – aber vergessen Sie nicht, dass man sich häufig an die ungeplanten Erlebnisse ein Leben lang erinnert.

SELBSTFÜRSORGE, POESIE UND NATUR

Selbstfürsorge ist der Schlüssel zu Glück und Frieden. Sich um sich selbst zu kümmern, kann einfach sein, wie sich Zeit für eine kurze Meditation zu nehmen, durch einen Garten oder im Wald zu spazieren. Ein Taschenbuch mit kurzen *haikus* ist ein perfekter Reisebegleiter. Jeden Tag ein Gedicht zu lesen, hilft Ihnen, sich geistig zu entspannen und auf Ihre Reise zu konzentrieren. Wir hoffen, dass einige der Erfahrungen und Aktivitäten, die wir auf diesen Seiten vorstellen, Ihre Fantasie anregen und Sie auf den Weg zu der achtsamen Reise führen, die Sie verdient haben.

SCHWEIGEN UND STILLE

Im Westen liebt man es zu reden. Im Gegensatz zu Japan, wo es höflicher ist, weniger und leise zu sprechen. Stimmungen und Gefühle werden durch Körpersprache und andere nonverbale Kommunikation vermittelt (*siehe* yugen *auf S. 19*). Achtsamkeit gegenüber anderen im öffentlichen Raum ist entscheidend auf dem Weg zum besten japanischen Urlaub. Es heißt häufig, dass der Westen eine singuläre und Japan eine kollektive Gesellschaft sei. So wurde zum Beispiel der (buchstäblich papierdünne) *Shoji*-Raumteiler erfunden, um sich leise zu unterhalten und Personen in anderen Räumen nicht zu stören. In Japan sollten Sie sich diesen kollektiven Geist zu eigen machen und immer auf andere Rücksicht nehmen.

Ein Hauptprinzip des Zen-Buddhismus ist die stille Kontemplation. Die Kultur durch Zuhören und Beobachten in sich aufzunehmen, kann wesentlich sein, um auf Reisen

neue Umgebungen wertzuschätzen. Schweigen bedeutet, eine Pause von sich selbst zu nehmen, auf seine innere Stimme zu hören, den Geist vom Gedankenkarussell zu befreien. Bei vielen wunderbaren Achtsamkeitserfahrungen in Japan sind Stille oder sehr wenige Worte zuträglich. Zum Beispiel im *onsen*, beim *shinrin yoku*, Meditieren, bei der Teezeremonie oder in buddhistischen Retreats.

ALLEIN REISEN

Zeit allein zu verbringen, birgt eine melancholische Schönheit. Sich in seinen eigenen Gedanken zu verlieren und die Momente, in denen man sich mit anderen unterhält, einzuschränken, erlaubt dem Geist eine Pause vom ständigen Wirrwarr der täglichen Kommunikation. Bücher, die Sie unbedingt lesen wollten, neue Orte, die Sie schon lange besuchen wollten, sich verirren und dann wieder zurechtfinden.

Schließen Sie die Augen und stellen Sie sich vor, Sie wären der Dichter Basho, der auf verschlungenen Pfaden der Edo-Zeit (1603–1867) wandelt, oder eine Figur in Kawabatas *Schneeland* im verschneiten, im Winter isolierten Norden. Vielleicht sitzen Sie in einem kerzenbeleuchteten Zimmer und bewundern das Lichtspiel wie in Tanizakis *Lob des Schattens*. Nach und nach werden Sie die Feinheiten des Lebens wahrnehmen: den Duft von Räucherwerk, die frische Klarheit, die der Regen bringt, die Sonne, die über stürmischen Bergen durch den unruhigen Himmel bricht.

BEWUSST REISEN

Buchen Sie Ihre Unterkunft, recherchieren Sie, wie Sie vom Flughafen dorthin gelangen, und erkunden Sie dann die nähere Umgebung Ihres Aufenthaltsort zu Fuß oder mit dem Fahrrad. Gehen Sie, wohin das Wetter und der Weg Sie führen. Ruhen Sie sich aus, wenn Sie sich müde fühlen, essen Sie, wenn Sie hungrig sind. Auf diese Weise lernen Sie mehr Einheimische kennen, erleben den Tag intensiver und lernen, auf die Bedürfnisse Ihres Körpers zu hören.

Für uns geht es dabei darum, das echte Japan zu finden und Menschen in ihrem Alltag kennenzulernen. Versuchen Sie dies in einer kleinen Stadt, irgendwo abseits der Touristenströme. Lassen Sie sich von der Dynamik Ihres Geists leiten – Sie werden Dinge über sich selbst entdecken, die Ihnen bislang unbekannt waren.

REISERITUALE

Für uns beinhalten Japan-Reisen eine Mischung aus Neugier auf neue Abenteuer und dem Wiederaufgreifen und Vertiefen unserer Lieblingsbeschäftigungen. Wir reisen mit leichtem Gepäck, beziehen Natur, Kunst und Kultur in unser Programm ein und essen fast nur japanisch. Wir gönnen uns täglich eine lange Teepause und versuchen, so viele neue japanische Wörter wie möglich zu lernen. Wir achten auf eine bequeme, nicht gedrängte Reiseroute und buchen die meisten Zugfahrten mit dem Japan Rail Pass in den ersten Tagen. Wann immer ein gutes *sento* (normales Bad) oder *onsen* (heiße Quellen) in der Nähe ist, ist ein Besuch für uns fast unverzichtbar.

Auch wenn Sie andere Rituale pflegen – wichtig ist, dass Sie überlegen, was Sie erleben möchten, sich nicht unter Druck setzen, Ihre Liste abzuhaken, und Sie einen sanften Urlaub verbringen, in dem Sie nur das unternehmen, worauf Sie Lust haben.

VOR DER REISE

ENTRÜMPELN SIE IHREN GEIST

Der Schlüssel für eine erfolgreiche Japan-Reise: Befreien Sie jeden Tag vor Ihrer Reise Ihren Geist von unnützen Dingen, sodass er mit leichtem Gepäck reist. Entsorgen Sie unerwünschte Gedanken und Gefühle. Füllen Sie ihn mit Lektüre vor der Reise *(siehe unsere Tipps rechts)* und Träumen von den kommenden Wochen. Sobald Ihnen negative Gedanken, Ängste oder Befürchtungen in den Sinn kommen, löschen Sie diese auf der Stelle.

PACKEN SIE EINE MINIMALISTISCHE GARDEROBE EIN

Für Ihre der Saison entsprechende, minimalistische Garderobe raten wir:

- Verwenden Sie neutrale Farben, die sich gut kombinieren lassen.
- Verwenden Sie atmungsaktive Stoffe aus Naturfasern wie Leinen, Baumwolle, Wolle und Kaschmir.
- Mit bunten, gemusterten Schals, Oberteilen und Jacken können Sie Ihr Outfit immer wieder verändern.
- Nehmen Sie nur eine Tasche in Handgepäckgröße mit. Damit können Sie leichter in Züge einsteigen und zum Hotel gehen. So brauchen Sie weder Uber noch Taxi und verringern Ihre Ausgaben sowie Ihren CO_2-Fußabdruck.
- Wenn Sie duschen, können Sie Ihre Kleidung im warmen Dampf entknittern. Oder Sie tragen wie Michelle von Natur aus knittrige Leinenkleidung.
- Technische Geräte sind schwer und platzraubend. Überlegen Sie, was Sie wirklich brauchen, und entscheiden Sie sich für leichtere Varianten.

LEKTÜRE

- Matsuo Basho: *Auf schmalen Pfaden durchs Hinterland*
- Ryokan: *Eine Schale, ein Gewand: Zen-Gedichte von Ryokan*
- Jun'ichiro Tanizaki: *Lob des Schattens*
- Kakuzo Okakura: *Das Buch vom Tee*
- Fumio Sasaki: *Das kann doch weg! Das befreiende Gefühl, mit weniger zu leben*
- Beth Kempton: *Wabi Sabi*
- Koun Yamada: *Das Tor des Zen*

RECHERCHE

- Organisieren oder recherchieren Sie den besten Flughafentransfer (Zeiten, Orte, Preise). Je genauer Sie sich vorab informieren, desto schneller kommen Sie durch die Flughäfen, was nach einer langen Reise sehr angenehm ist. Außerdem sehen Sie dann bei der Ankunft nicht so hilflos aus.
- Suchen Sie die beste Flugkleidung aus. Wir tragen immer etwas Bequemes, bei der Ankunft Vorzeigbares oder ziehen uns vor der Landung um. Wenn Sie gut aussehen, fühlen Sie sich selbstbewusst. Das führt zu mehr Schwung und einer besseren Reise.

IN DER WOCHE VOR DER ABREISE

- Holen Sie Ihren Koffer heraus und packen Sie in Etappen. Wenn Sie eine minimalistische Garderobe zusammenstellen, bleibt Ihr Koffer nicht nur leicht, sondern Sie haben auch mehr modische Möglichkeiten *(siehe linke Seite)*.
- Wenn möglich, bestellen Sie Ihr Essen im Flugzeug vor – am besten japanische Gerichte als kulinarische Einstimmung!
- Packen Sie Ihr Handgepäck frühzeitig, um am Tag vor der Abreise Stress zu vermeiden! Wir empfehlen ein Gepäckstück mit vielen Fächern mit folgendem Inhalt:
  - Ein Tagebuch zum Schreiben oder Zeichnen
  - Reisepass und Tickets
  - Eine Kamera – praktischer als ein Smartphone
  - Kopfhörer mit Geräuschunterdrückung oder Ohrstöpsel
  - Eine bequeme Unterlage für den Kopf, wie ein aufblasbares Kissen oder einen dicken Schal oder Pullover
  - Kuschelige Socken und eine Augenmaske
  - Ein Täschchen mit Toilettenartikeln zum Frischmachen während des Fluges

AM TAG VOR DER ABREISE

- Essen Sie etwas Ausgewogenes und Vollwertiges.
- Trinken Sie keinen Alkohol.
- Versuchen Sie, so gut wie möglich zu schlafen.
- Packen Sie Snacks ein. Nüsse, Reiscracker, selbst gemachte Lieblingssnacks können Lebensretter sein, wenn Ihnen das Essen im Flugzeug nicht schmeckt.
- Packen Sie ein, was noch nicht im Handgepäck ist, zum Beispiel Ihre Brieftasche.
- Gönnen Sie sich etwas zum Verwöhnen, wie eine Gesichtsmaske oder ein Bad.
- Überprüfen Sie, ob der Flug pünktlich ist.
- Hinterlassen Sie eine Kopie Ihres Reisepasses und Ihrer Reiseroute sowie Ihre Schlüssel bei einer vertrauenswürdigen Person für den Fall, dass jemand während Ihrer Abwesenheit in Ihre Wohnung gehen muss.
- Richten Sie eine automatische E-Mail-Antwort ein, in der Sie Kollegen und Freunden mitteilen, dass Sie abwesend sind und keine Korrespondenz beantworten.
- Schalten Sie Ihre technischen Geräte für ein paar Stunden aus, damit Sie sich in Ruhe geistig auf Ihre Reise vorbereiten können.
- Lassen Sie Ihr emotionales Gepäck zu Hause.

SENOBI-ATMUNG

Senobi ist eine Technik der Tiefenatmung, die mit Stretching verbunden ist. Sie aktiviert das Nervensystem, reguliert die Hormone und soll gut fürs Herz sein. Praktizieren Sie diese Technik zur Vorbeugung von Nervosität jede Nacht im Hotel und zur Druckentlastung, wenn Sie nach Hause kommen. Auf YouTube finden Sie Lehrer und Methoden, die zu Ihnen passen.

AM FLUGHAFEN

- Fahren Sie früh zum Flughafen, damit Sie nicht in Hektik und Stress geraten.
- Auf dem Weg zum Flughafen sollten Sie ein paar tiefe Atemzüge machen. Schließen Sie die Augen, atmen Sie ein und zählen Sie bis fünf, atmen Sie aus und zählen Sie bis drei. Oder meditieren Sie über ein Wort, einen Satz oder ein Lied, das Ihnen etwas bedeutet.
- Seien Sie auf Menschenmassen, Verspätungen und Pannen vorbereitet. Halten Sie eine Entspannungstechnik für unerwartete Ereignisse bereit.
- Essen Sie am besten nichts Schweres, bevor Sie ins Flugzeug steigen, lieber etwas Frisches wie Salat oder Obst und dafür im Flugzeug weniger.

IM FLUGZEUG

Michelle braucht viele gemütliche Dinge um sich herum und bleibt gern analog. Sie schreibt und zeichnet lieber in ihr Tagebuch, als Musik zu hören oder Filme anzusehen. Sie hat immer eigene Snacks dabei und trägt ein »Wandel-Outfit« – mit dem sie beim Ein- und Aussteigen eine gute Figur macht, das sich aber im Flugzeug in etwas Bequemeres verwandelt.

Steve dagegen begibt sich in seine eigene »Flugzeugblase« (ein separates Universum zwischen der heimischen und der Urlaubswelt) mit Ambient-Musik (Brian Eno, Ólafur Arnalds und Nils Frahm sind eine gute Wahl oder auch Meditations-Soundtracks), Büchern, Schreiben und Filmen. Er beginnt immer mit einer »gesunden« Bloody Mary und bestellt auf jeden Fall sein Essen vor, um keine Enttäuschungen zu erleben.

TIPPS FÜR EINEN RUHIGEN FLUG

- Nehmen Sie Kopfhörer mit Geräuschunterdrückung oder Ohrstöpsel mit.
- Prägen Sie sich ein, wo Sie Ihre Sachen in den Fächern Ihres Handgepäcks verstaut haben, damit Sie nicht herumkramen oder stündlich aufstehen und das Gepäckfach öffnen müssen.
- Trinken Sie viel Wasser – so fühlen Sie sich bei der Landung frisch.
- Praktizieren Sie zwischendurch Ihre Lieblingsmeditation oder Atemtechniken.
- Lenken Sie Ihre Gedanken (weit) von der Hässlichkeit der Flugzeugtoilette oder der Economy-Sitzplätze ab.

TIPPS FÜR ERHOLSAMEN SCHLAF IM FLUGZEUG

- Trinken Sie im Flugzeug keinen oder nur wenig Alkohol. Bestellen Sie stattdessen entspannenden Grün-, Minz- oder Kamillentee.
- Essen Sie nicht zu viel.
- Wählen Sie ausgewogene fettarme Gerichte.
- Legen Sie Ihren Kopf auf ein Reisekissen oder einen dicken Schal oder Pullover.
- Tragen Sie kuschelige Socken, eine Augenmaske, setzen Sie Ohrstöpsel ein und hören Sie entspannende Musik auf Ihrem Gerät.
- Praktizieren Sie ein wenig Tiefenatmung.
- Denken Sie daran, dass Mikroschlaf und Powernaps wirksame Entspannungstechniken sind.

A N K U N F T I N J A P A N

Da Sie Ihren Transfer vorab geplant haben *(siehe S. 11)*, kommen Sie, wenn alles gut läuft, schnell durch den Flughafen und die Ankunft-Gates. Anzukommen ist immer ein tolles Gefühl, aber kein Spaß. Zeigen Sie sich flexibel, wenn Sie aufgehalten werden, das Flugzeug Verspätung hat oder Sie Ihren geplanten Transfer nicht erreichen. Denken Sie daran: Sie sind jetzt hier. Dehnen Sie sich, schütteln Sie die lange Reise ab und denken Sie positiv.

SICH SELBST IN JAPAN KENNENLERNEN

Sie befinden sich in einem fremden Land, in dem sich für Sie viele neue und ungewöhnliche Möglichkeiten bieten. Was für ein Mensch möchten Sie sein? Im Urlaub kann man leicht in Stress geraten, doch mit ein wenig geistiger Vorbereitung gelingt es, normalerweise anstrengende Ereignisse problemlos zu meistern.

Eine gute Möglichkeit, sich selbst in Japan kennenzulernen, bietet der Kontakt zu Einheimischen. Auch wenn man wie wir eher schüchtern ist, lohnt es sich, die Komfortzone zu verlassen und mit Einheimischen zu sprechen, um mehr über die besuchte Region zu erfahren und vielleicht neue Bekannte zu finden. An Orten, wo es uns gefällt, fragen wir möglichst immer das Personal oder Einheimische nach interessanten Zielen in der Nähe. Japaner sind sehr freundlich. Wir haben schon erlebt, dass sie uns zu ihrem Lieblingscafé begleiteten, ihr Lieblingsgetränk spendierten, ihr Mittagessen aus der Bento-Box teilten – und vieles mehr.

In Japan fällt uns immer wieder auf, wie oft wir lächeln und lachen. Hier haben wir die entspanntere und neugierigere Version von uns selbst kennengelernt – sicher werden auch Sie während Ihres achtsamen Urlaubs Ihr Japan-Ich kennenlernen.

URLAUB VON SICH SELBST

Michelle benutzt in Japan gern den Ausdruck »Urlaub von sich selbst«. Ihr Japan bedeutet Abstand von einem hektischen Arbeits- und psychologischen Pensum. Sie mag das Gefühl, dass ihr Zuhause beim Abheben des Flugzeugs dahinschwindet. Ohne technische Geräte erschafft sie sich im Flugzeug eine rundum entspannende Zone. Wenn wir in Japan landen, erfüllt sie sofort eine besondere Geisteshaltung. Steve spürt hingegen Abenteuergeist in sich aufsteigen.

SCHLAFHYGIENE IM URLAUB

Halten Sie immer Ohrstöpsel bereit, damit Sie Hotellärm nicht wachhält und Ihren Urlaub ruiniert. Jetlag und eine ungewohnte Umgebung können einen auf Reisen etwas verwirren. Um sich in Japan nicht fremd, sondern wohlzufühlen, bieten sich viele kleine Annehmlichkeiten, die Sie mitbringen oder kaufen können, um Ihren Urlaub entspannt zu gestalten. Wir empfehlen Folgendes:

- Zünden Sie abends immer japanisches Räucherwerk in Ihrem Zimmer an. Das entspannt und hilft, innere Ruhe zu finden. Räucherstäbchen und Brenner sind in Tempeln, Haushaltswarenläden und Fachgeschäften erhältlich.
- Wir lieben die ätherischen Öle des japanischen Walds, insbesondere Hinoki und Zypresse. Besorgen Sie sich eine Schlafmischung und einen tragbaren Diffusor.
- Wir nehmen jeden Abend vor dem Schlafengehen ein Bad mit ätherischen Ölen. Wer in einem *ryokan* (traditionelles Gasthaus) oder einem Hotel mit Gemeinschaftsbad übernachtet, kann abends im *onsen* zur Ruhe kommen und entspannen.

EIN TECHNIKFREIER URLAUB

Smartphones mit Karten und Zeitplänen für Notfälle, zum Übersetzen und Kontaktieren von Hotels haben das Reisen im 21. Jahrhundert erheblich erleichtert. Doch sie verbinden uns auch mit zu Hause, sodass es schwerer fällt, nicht an Probleme in der Arbeit, im Familien- und Freundeskreis zu denken. Im Urlaub sollte jedoch vor allem der Kopf zur Ruhe kommen. Den Ausdruck »dem Alltag entfliehen« gibt es nicht ohne Grund. Ein Urlaub sollte eine Unterbrechung sein, Raum für neue Erfahrungen, einen Tempo- und Kulturwechsel bieten. Völlig mit zu Hause verbunden zu sein, hält uns davon ab, uns umzusehen, Neues auszuprobieren, im Hier und Jetzt zu entspannen.

WIE ER GELINGEN KANN

- Überlegen Sie sich vor der Abreise, wie viel Zeit Sie täglich mit Ihren Geräten verbringen wollen. Schließlich zählt im Urlaub jeder Augenblick!
- Schauen Sie vor dem Schlafengehen nicht auf Ihre Geräte. Sie wollen sich im Urlaub über nichts Gedanken machen müssen!
- Schalten Sie das Internet tagsüber aus und benutzen Sie Ihr Handy nur als Kamera.
- Wenn Sie mit Freunden oder der Familie unterwegs sind, sollten Sie eine Person bestimmen, die tagsüber ihr Telefon mit WLAN benutzt.
- Verwenden Sie eine kleine, qualitativ hochwertige Kamera anstelle der Handykamera.
- Lassen Sie Ihre Freunde wissen, dass Sie nicht immer erreichbar sein und Ihr Telefon nicht ständig überprüfen werden.
- Stellen Sie einen Timer auf Ihrem Telefon oder Laptop ein und legen Sie eine bestimmte Zeit pro Tag für die Beantwortung von E-Mails und Nachrichten fest.

ANMERKUNGEN ZU SOZIALEN NETZWERKEN

Statt wie früher Dia-Abende zu veranstalten, teilt man heute Fotos von einer Reise. Dies kann Spaß machen und interessant sein, hört die Bilderflut aber gar nicht auf, schalten Freunde und Follower ab. Zu verkünden, dass man verreist, ist im Hinblick auf die Sicherheit zu Hause nicht unproblematisch. Und es kann dazu führen, dass sich entfernte Bekannte oder Fremde in Ihren sozialen Netzwerken melden und sich mit Ihnen treffen wollen, wenn sie am selben Ort Urlaub machen. Das kann bisweilen sehr schön sein, aber wenn Sie hart für Ihren Traumurlaub gespart haben, halten Sie sich besser an Ihren ursprünglichen Zeitplan – zumal es stressig sein kann, Treffen ablehnen zu müssen. Setzen Sie sich hierfür vielleicht ein Zeitlimit.

Anstatt zu posten, machen Sie Fotos mit Ihrem geistigen Auge. Lassen Sie die Dinge, die Sie sehen, in Ihre Seele und Ihr Gedächtnis einbrennen. Denken Sie daran, dass Erfahrungen genauso wichtig sind wie Souvenirs und Fotos. Das eine muss das andere nicht ausschließen. Konzentrieren Sie sich darauf, eine großartige Reise zu erleben, und nicht so sehr darauf, sie vorzuführen. Dazu haben wir Tipps:

- Selfie-Sticks sind fast nie in Ordnung. Sie verletzen den Freiraum von anderen Reisenden und können deren Erlebnis und Fotos ruinieren.
- Speichern Sie auf dem Rückflug Ihre besten Bilder in einem Ordner und laden Sie nach Ihrer Rückkehr jeden Tag ein Foto in Ihre sozialen Netzwerke hoch.

NACHHALTIG REISEN

Durch viele Kleinigkeiten können Sie Ihre Reise nachhaltiger gestalten. Durch verantwortungsvollen Tourismus, der Ihrer persönlichen Ethik entspricht, hilft man zudem den Gemeinden vor Ort. Hier sind unsere Tipps:

- Erwägen Sie, Reiseutensilien wie Koffer, Rucksack und Portemonnaie aus zweiter Hand zu kaufen. So sparen Sie Geld und reduzieren Ihren ökologischen Fußabdruck, da weniger Abfall entsteht.
- Mülltrennung: Auf japanischen Mülleimern zeigen Symbole, was darin gesammelt wird, z. B. Flaschen und Dosen, brennbare Stoffe, PET, Plastik, Papier etc.
- Gehen Sie zu Fuß, leihen Sie sich ein Fahrrad oder benutzen Sie öffentliche Verkehrsmittel, um Ihren CO_2-Fußabdruck zu verringern.
- Nehmen Sie eine Wasserflasche und wiederverwendbare Taschen oder Behälter mit.
- Verwenden Sie Essensreste für Snacks und Picknicks.
- Kaufen Sie Lebensmittel, die sich einige Tage aufbewahren lassen.
- Reisen Sie mit leichtem Gepäck.
- Geben Sie Ihre Handtücher nicht täglich in die Wäsche.
- Kaufen Sie Souvenirs von kleinen Herstellern.
- Kaufen Sie Vintage auf Tempelmärkten.
- Kaufen Sie einheimische Waren wie Stoffe oder Schreibwaren als Mitbringsel.
- Essen Sie saisonal, meiden Sie Filialen von großen und internationalen Ketten.
- Verwenden Sie eigene Einkaufstaschen und keine Plastiktüten.
- Mit dem Japan Rail Pass oder anderen Bahnpässen können Sie Geld sparen und öffentliche Verkehrsmittel statt Taxis oder Uber benutzen.

ACHTSAMKEIT

Es gibt zwar keine direkte Übersetzung für Achtsamkeit in Japan, aber die japanische Sprache besitzt eine Reihe schöner Wörter, die sich um das Konzept ranken.

WABI-SABI 侘寂

Der japanische Lebensstil ist von *wabi-sabi* durchdrungen. *Wabi-sabi* bedeutet, die Unvollkommenheiten des Lebens nicht nur zu akzeptieren, sondern auch deren Schönheit wahrzunehmen. Es ist eine besondere Farbe auf der Palette des Alltäglichen, die als ein Flüstern existiert, ein Wort, das man nicht sehen, eine Idee, die man fühlen, aber nicht greifen kann. Das Schmelzen des Schnees; die fallenden Blütenblätter der *sakura* (Kirschblüte) am Ende von *hanami* (Kirschblütenzeit); ein verrottendes Holzstück im Wald; die Schönheit des Alterns; die Sehnsucht nach verlorenen Dingen; ein zerbrochener Teller. Im Kern geht es bei dieser schönen Philosophie darum, in unserer sich ständig verändernden Welt einen Sinn zu finden. Das Licht und die Dunkelheit zu akzeptieren und die Welt immer als ein bewegliches, kontinuierliches Abenteuer zu sehen.

Bei unseren Reisen stellen wir uns vorab genau vor, wie sie verlaufen sollen. Es heißt, dass die Vorfreude bei der Planung, der Gedanke an bevorstehende neue Abenteuer ein Drittel einer Reise ausmacht. *Wabi-sabi* ist ein wunderbares Konzept für Reisen, denn selbst auf sorgfältig geplanten Routen tauchen fast immer Hindernisse und Problemchen auf. Mit *wabi-sabi* lassen sich Änderungen im Zeitplan, Wetterkapriolen, Verspätungen und nicht nachvollziehbare Umleitungen leichter akzeptieren. Unterwegs Routenänderungen und auftauchende Schwierigkeiten in positive Erfahrungen umzuwandeln, bereichert das Reiseerlebnis.

MA 間

Ma ist ein Konzept, bei dem die »Leere dazwischen und drum herum« einen wichtigen oder sogar zentralen Aspekt beim Wahrnehmen eines Objekts, Kunstwerks, Gebäudes oder Vorgangs darstellt. *Ma* ist eines unserer japanischen Lieblingswörter. Abstand, Pause, nicht ein Tag oder eine Stunde, nur ein Moment. Ein Fragment oder ein winziges Stück. Etwas zu sehen, das andere übersehen. Die wahre Form und Bedeutung von etwas zu entdecken, indem man wahrnimmt, was ihm seine Form verleiht.

Beim Reisen hilft *ma*, Unerwartetes zu entdecken, neue Erfahrungen im scheinbar Alltäglichen zu finden, vertraute Dinge in einem neuen Licht zu sehen.

IKIGAI 生き甲斐

Ikigai ist ein Konzept, nach dem wir alle leben können. Ein glückliches Leben führen und nach dem eigenen Kernglauben dessen Sinn und Richtung bestimmen. Den richtigen Weg zur psychologischen und/oder künstlerischen Erfüllung finden. Ziele erreichen, Träume verwirklichen und in dem Wissen vorankommen, dass man sein Bestes gegeben hat, um das Leben zu leben, das man leben möchte.

Wenden Sie auf Reisen diese Kernrichtlinien an, um die Art Ihres Urlaubs zu gestalten und Ihren Erfahrungen eine persönliche Bedeutung zu geben.

MONO NO AWARE 物の哀れ, もののあはれ

Mono no aware bedeutet, sich der Vergänglichkeit bewusst zu sein, was wiederum zu einer tieferen Wertschätzung und einem besseren Verständnis der Flüchtigkeit der Dinge – und des Lebens selbst – führt. Es ist auch die Kultivierung und Zelebrierung von Ephemera und der Kraft, die den Objekten innewohnt. Als Designerin versucht Michelle, dies jeden Tag zu leben. Ihre Sammlung von geliebten Ephemera liegt ihr sehr am Herzen. Die sorgfältige Platzierung von Objekten in ihrem Haus und Garten. Dass die Natur um sie herum vergänglich ist. Sie würdigt intensiv die Jahreszeiten. Die Bedeutung von Freundschaften und Verbindungen. Das Verständnis, dass das Leben ein Kreislauf ist. Und sie macht sich oft das ungeheure Ausmaß dessen, was sie umgibt, bewusst.

Wenn Sie sich nach Ihren Reisen dabei ertappen, wie Sie ein verblasstes Objekt in den Händen drehen, über die verstrichene Zeit oder verpasste Gelegenheiten nachdenken und Sie dies mit Melancholie erfüllt – dann lassen Sie dieses Gefühl zu mit dem Verständnis dafür, wie die Vergangenheit die Gegenwart beeinflusst.

UKIYO 浮世

Wenn es etwas gibt, das Sie sich auf Reisen zu Herzen nehmen sollten, dann ist es *ukiyo*. Im Augenblick leben, nicht an die Vergangenheit oder die Zukunft denken – einfach nur sein. Arbeit, Beziehungen, Sorgen außen vor lassen.

Neue Dinge ausprobieren. Alles erleben. Das ist die Freude des Reisens.

ICHI-GO ICHI-E 一期一会

Ein Moment, ein Mal. *Ichi-go ichi-e* stammt aus dem Zen: die Chance einer Erfahrung, die sich nur einmal im Leben bietet. Die Erfahrungen, die man auf Reisen macht, bleiben einem erhalten, prägen die Psyche, verändern und formen.

Nach einer Reise erinnert man sich an Momente und Fragmente. Eine Glocke erinnert an einen Tempelaufenthalt, der Duft von Räucherwerk an eine heilige Stätte, die man besucht hat. Eine einmalige Begegnung kann ein Leben lang Erinnerungen wachrufen. Sie könnten ein einmaliges Ereignis erleben, halten Sie es in Ehren!

YUGEN 幽玄

Yugen besagt, dass wahre Schönheit im Angedeuteten und Verborgenen liegt, tiefe, feine Empfindungen nicht durch das Offensichtliche, sondern das Wesentliche geweckt werden. Das Konzept des *yugen* durchdringt jeden Teil der japanischen Kultur.

- Patina
- Geharkte Gärten
- Kerzen- und gedämpftes Licht in Teehäusern
- Die Religion des Teeismus
- Die Schönheit in den kleinen Dingen
- Mit Staunen den Wechsel der Jahreszeiten beobachten
- Kleine Momente wertschätzen

Yugen in einem Japan-Urlaub zu praktizieren, funktioniert auf einer tieferen Ebene. Weniger Worte, mehr innere Gedanken. Sich treiben lassen, nicht hetzen.

K Ü C H E

ZUM ESSEN FAST ZU SCHÖN

Wahrscheinlich werden viele Ihrer Lieblingsspeisen in Japan nicht angeboten, also genießen Sie die Abwechslung von der Routine und probieren Sie Neues. Jede Präfektur besitzt ihre eigene stolze Auswahl an lokalen Köstlichkeiten. Essen Sie regional, saisonal und je nach Klima. Fragen Sie immer nach den empfohlenen Spezialitäten. *Omakase* bedeutet »Auswahl des Kochs« und bietet eine wunderbare Möglichkeit, einheimische Gerichte – und neue Lieblingsspeisen – zu entdecken.

SÜSSES UND DESSERTS

Die wunderschönen, teils nur zu bestimmten Jahreszeiten erhältlichen *wagashi* (japanische Süßigkeiten) sind eine Studie in Proportionen und Raffinesse. Zart und fein, sind sie weitaus zurückhaltender als ihre westlichen Gegenstücke.

Diese perfekt geformten Juwele werden Sie mit Zutaten wie Roten Bohnen, Kastanien, grünem Tee, Yuzu und Süßkartoffeln dazu bringen, über neue Aromen, Texturen und ungekannte Intensität zu meditieren. Probieren Sie *yokan* (Bonbons aus Rote-Bohnen-Paste und Agar-Agar), *manju* (mit Bohnenpaste gefüllte süße Klößchen), *daifuku* (weiche *mochi* mit Bohnenpaste), *mochi* (süße Reiskuchen), *dango* (süße Reisbällchen am Stiel), *monaka* (mit Rote-Bohnen-Paste gefüllte Reiswaffeln), *yatsuhashi* (Reistaschen mit süßer Füllung) und vieles mehr.

Auch wenn Sie sich von Ihrer westlichen inneren Naschkatze nicht gleich trennen können, so werden Sie sich dennoch schnell zum Experten für japanische Süßigkeiten mausern, Ihre Favoriten entdecken und unweigerlich die alten, rustikalen Süßwarenläden in den Hinterhöfen und die Süßwarentheke in jedem Kaufhaus ansteuern.

UMAMI

Umami ist eine raffinierte Geschmacksrichtung, die sich nur schwer erklären lässt. *Umami* ist der Extra-Kick in der Ramen-Brühe, der unbeschreiblich köstliche Nachgeschmack in der Tofu-Suppe, ein intensiver Geschmack, den man in Fleisch, reifem Käse, Soßen, Meeresfrüchtepasten und Algen findet. *Umami* wird oft als der fünfte Geschmack bezeichnet, da er Elemente aller vier anderen Geschmacksrichtungen in sich vereint.

GLUTENFREIES ESSEN

Glutenfreies Essen ist in Japan erhältlich, aber nicht ohne Weiteres. Fragen Sie deshalb immer nach. Neben Lebensmitteln auf Weizenbasis enthält auch Sojasoße Gluten. Probieren Sie *edamame* (junge Sojabohnen in der Schote), *onigiri* (Reisbällchen), *shio* (gegrilltes Fleisch und Gemüse, das mit Salz, nicht mit Soja gewürzt ist), einfachen Reis, Omeletts und Eierspeisen, Sushi und Sashimi ohne Sojasoße, Salate ohne Sojadressing, *nasu dengaku* (über dem Feuer gegrillte Auberginen mit Misopaste), Cracker und *senbei* (Reiskuchen). Misosuppe und Soba-Nudeln können glutenfrei sein, aber Sie müssen danach fragen.

VEGETARISCHES ESSEN

Vegetarisch zu essen, kann in Japan schwierig sein, da viele Gewürze Bonito (Fisch) enthalten, wird aber immer einfacher. Vegetarische Gerichte mit Milchprodukten sind unter anderem *onigiri* (Reisbällchen mit Gemüse oder Seetang), *tamagoyaki* (Omeletts), *Onsen*-Eier (aus heißen Quellen), gekochte Eier, Kartoffelsalat (Vorsicht, kann Schinken enthalten), Omelett-Sushi und *tamago-sando* (Eiersandwich).

VEGANES ESSEN

Man muss ein wenig recherchieren und Fragen stellen, um alle Inhaltsstoffe von Speisen herauszufinden. In Kaufhäusern findet man eine gute Auswahl an frischem Gemüse, Salaten und Reis-Bentos. In Supermärkten gibt es Sojagetränke und

JAPANISCH-TIPPS

Bitte
Onegaishimasu

Entschuldigung
Sumimasen

Danke (am Ende einer Mahlzeit)
Domo arigato gozaimashita

Kann ich bitte die Rechnung haben?
O kanjo onegaishimasu oder *O kaikei onegaishimasu*

Zu Beginn einer Mahlzeit
Legen Sie die Hände vor dem Oberkörper wie zum Gebet zusammen und sagen Sie *itadakimasu*, was wörtlich übersetzt »Ich nehme demütig an« bedeutet.

Am Ende einer Mahlzeit
Sagen Sie zu Ihrem Kellner und wenn Sie gehen *Gochisousama deshita*, was so viel bedeutet wie »Danke für das Essen, es war köstlich/ein Festmahl«.

Desserts auf Sojabasis, abgepackte *edamame* (junge Sojabohnen in der Schote), Sushi-Rollen mit Gurke, Salate und mehr. Vegane Speisen sind zum Beispiel Salate, *nasu dengaku* (gegrillte Auberginen und Miso), vegane Ramen, japanische Süßigkeiten (*manju*, *mochi* und *yokan*), *edamame*, Softeis auf Sojabasis, eingelegtes Gemüse, Soba oder Udon mit Dip (achten Sie darauf, dass sie keinen Bonito enthält), *yuba* (Tofuhaut) und *hiyayakko* (gekühlter Tofu) – fragen Sie aber nach Tofu ohne Bonito-Flocken.

SHOJIN RYORI

Diese buddhistische Küche, die in den Tempeln während Ihres Aufenthalts oder bei einem Besuch zum Mittagessen serviert wird, besteht wie *kaiseki ryori* (traditionelle japanische mehrgängige Haute Cuisine) aus einer Reihe von kleinen Gerichten. Sie ist aber viel rustikaler, wird fast immer auf pflanzlicher Basis zubereitet, besteht aus lokalen Zutaten und wird auf schlichtem Geschirr serviert. Die Mönchsmahlzeit, *shojin ryori*, ist einfach, leicht und schlicht, aber dennoch köstlich, herzhaft und sogar elegant. Sie wurde über Jahrhunderte perfektioniert, um das Essen trotz der strengen Diätvorschriften in vollen Zügen zu genießen. Wesentliche Bestandteile sind Misosuppe, Tofu, Soja, Reis und Berggemüse. Wenn Sie Allergien haben oder sich streng pflanzlich ernähren, fragen Sie Ihren Gastgeber – beim *shojin ryori* ist das kein Problem.

TEE UND TEEISMUS

Die Teekunst begann in China mit Tee als medizinischem Getränk und wurde in Japan zu einer religiösen und spirituellen Erfahrung weiterentwickelt. Eine Tasse mit aufgegossenen Blättern oder gequirltem Pulver kann intensive Empfindungen hervorrufen. Das Teetrinken kann eine Zeit der Ruhe und Besinnung, der Bestandsaufnahme und der Vereinfachung sein. Tee wird oft serviert, wenn man sich zum Essen hinsetzt, bei der Ankunft in einem *ryokan* (traditionelles Gasthaus), nach dem Abendessen in einem Restaurant oder in einem Teehaus oder Café mit *wagashi* (japanischen Süßigkeiten). Er kann heiß oder kalt getrunken werden, enthält viele Antioxidantien und ist sowohl ein Alltagsgetränk als auch ein raffinierter Genuss. Eine Teezeremonie in einem traditionellen oder modernen Teehaus ist immer einer der Höhepunkte auf unseren Reisen. Die Auswahl ist breit, einige unserer Favoriten finden Sie in unserem Teekapitel *(siehe S. 42 – 59)*.

KAISEKI RYORI

Kaiseki ryori *(siehe S. 100)* ist ein exquisites Festmahl aus kleinen Gerichten, die jeweils fachmännisch zubereitet und auf wunderbarem Keramik- und Tafelgeschirr serviert werden – ein harmonisch ausbalanciertes Kunstwerk aus Aromen, Farben, Texturen und Optik. Man kann es in ausgewählten Restaurants oder in *ryokan* bestellen. Obwohl bei jeder Mahlzeit auch vertraute Gerichte serviert werden, ist jedes *kaiseki ryori* ein unvergessliches Erlebnis für den Gast, das von den Spezialitäten und dem Stil des Kochs geprägt ist. Achten Sie auf die Präsentation – an die Karotte wurde vielleicht eine Stunde hingeschnitzt. Zu einer achtsamen Japan-Reise gehört auf jeden Fall das Erlebnis eines *kaiseki ryori*.

MITBRINGSEL FÜR DAHEIM

- *Yukata* (Sommerkimono aus Baumwolle)
- Grüner Tee (Matcha, Sencha, *hojicha*)
- *Chawan* (Teetasse/-schale)
- Hölzerne Utensilien für die Gesichts- und Handdruckpunktmassage
- Utensilien für *kintsugi* (die Kunst der sichtbaren Reparatur)
- *Zabuton* (Meditationskissen)
- *Washi*- und Origamipapier
- *Onsen*-Badesalze
- Handgemachte Objekte von kleinen Herstellern
- Kerzen aus Reiskleiewachs für Zimmerbeleuchtung und Schattenwurf
- Essstäbchen aus Lack oder Holz
- Keramiken von lokalen Märkten und Herstellern
- Feuchtigkeitsspendende Gesichtsmasken
- *Geta* (Holzsandalen) und *zori* (Sandalen)
- *Furoshiki* (Verpackungstücher)
- Bento-Boxen
- Papier- und Stofffächer

禅道

Zen

WISSENSWERT

Die Nachsilben *-ji* und *-dera* bedeuten Tempel.

Seit Daisetsu Teitaro Suzuki 1938 mit seinem Buch *Zen Buddhism and Its Influence on Japanese Culture* Zen im Westen vorgestellt hat, steht Zen an der Spitze des Achtsamkeitskonzepts. Basierend auf dem altchinesischen *channa*, einer buddhistischen Lehre, der zufolge das Verständnis von Körper und Geist durch intensive Meditation und Reflexion erlangt wird, lehrt uns Zen, in einer unvollkommenen Welt perfekt zu leben.

Es gibt drei verschiedene Zen-Schulen. Die Obaku-Schule rezitiert ihre *sutras* immer noch auf Chinesisch. Die Rinzai-Schule wurde von den Samurai bevorzugt und legt den Schwerpunkt auf Sitzmeditation und *koan*, tiefgründige Sentenzen und Anekdoten, die zum Nachdenken anregen (»Was IST das Geräusch einer einzelnen klatschenden Hand …?«). Die Soto-Schule wurde ursprünglich von der Unterschicht, Handwerkern, Kreativen und Dichtern praktiziert. Die wichtigste Praxis ist *zazen* (Meditation), die vor einer leeren Fläche – etwa einem Vorhang oder einer Wand – ausgeübt wird.

Achtsamkeit und Zen sind untrennbar miteinander verbunden. Beide praktizieren das Ritual als eine Möglichkeit, sich auf die physische Welt zu konzentrieren, was zur Selbstentdeckung und zu einer neuen Wahrnehmung der wahren Natur des Seins und der Umgebung führt. Die Akzeptanz von Leiden oder Schwierigkeiten wiederum führt zur Suche nach innerer Stärke. Zen zu leben beinhaltet, sich auf das Erreichen von Zielen zu konzentrieren, sich gesund und maßvoll zu ernähren, den Schwerpunkt auf Freundlichkeit zu legen, das Leben anderer zu verbessern und spirituelle Lehren gründlich zu studieren. Es gibt verschiedene Methoden, Zen zu verstehen, zu verbessern und zu erreichen, darunter Atmung, Stille, Kontemplation, Mantrasingen und die Disziplin der Kampfkünste. Die traditionellen japanischen Kunsthandwerke, die wir in diesem Buch vorstellen, von der Kalligrafie *(siehe S. 87)* über die Malerei und Poesie bis zu Ikebana *(siehe S. 88)* und zur Teezeremonie *(siehe S. 44)*, haben alle ihre Wurzeln in der Zen-Praxis und erfordern Geduld, Fleiß und das Streben, die eigene Leistung zu verbessern.

Bei Ihrem Besuch in Japan können Sie an Zen-Praktiken teilnehmen, besonders bei Tempelaufenthalten *(siehe S. 136 –155)* oder in der alten Stadt Kyoto. Kurse in Zen-*zazen* (Meditation) sind eine perfekte Einführung: in einer schönen Tempelhalle im Lotussitz sitzen und den Geist von allem Durcheinander befreien, sodass sich in den neu geschaffenen Freiräumen wohltuende Gedanken und kreative Ideen bilden können. Der Besuch eines Zen-Gartens verbindet Sie mit den Gedanken und der Philosophie seines Schöpfers. Setzen Sie Ihre neu erworbene Zen-Philosophie ein, wenn Sie mit dem Auto durch die Großstadt fahren, bei unangenehmen Familientreffen oder in stressigen Situationen. Michelle findet mit ihrer Zen-Parkphilosophie immer einen Parkplatz.

Vorhergehende Seite: Ginkakuji-Tempel; *rechte Seite oben links und unten:* Nanzenji-Tempel; *rechte Seite oben rechts:* Ryoanji-Tempel

西芳寺

SAIHOJI-TEMPEL

KYOTO

56 Matsuo, Jingatani-cho, Nishikyo-ku, Kyoto

saihoji-kokedera.com

Der Tempel ist auf verschiedene Arten erreichbar; wir fuhren mit dem Bus 73 vom Bahnhof Kyoto zur Haltestelle Kokedera Suzumushi-dera und gingen dann zu Fuß (3 Minuten)

Ein von uns besonders hochgeschätzter Zen-Garten liegt am Rand von West-Kyoto. Der Saihoji oder – wie er liebevoll genannt wird – Kokedera (Moostempel) ist ein Rinzai-Zen-Tempel mit einem magischen Moosgarten. Viele sehen in dem über 1200 Jahre alten Tempel ein stilistisches Vorbild für spätere Zen-Bauten in Kyoto, vor allem für den nahe gelegenen Kinkakuji-Tempel und den Ginkakuji-Tempel.

Die Schönheit des Gartens erfährt so große Verehrung, dass ein Besuch ein gewisses Engagement erfordert. Reservierungen werden zwei Monate im Voraus entgegengenommen, indem man sich mit einer zu genehmigenden Postkarte direkt an die Mönche wendet (Onlinebuchungen sollen in Zukunft möglich sein). Unsere Postkarte wurde zweimal abgelehnt, bevor wir schließlich eine Eintrittskarte erhielten. Kokedera schränkt verständlicherweise die Besucherzahl ein, um den Moosgarten in unberührtem Zustand zu erhalten.

An dem uns zugewiesenen Tag betraten wir den Tempel und wurden in die *hondo* (Haupthalle) geführt, wo wir auf dem roten Teppichboden an einem japanischen Schreibtisch Platz nahmen und unser eigenes *sutra* auf Holztafeln eintrugen, bevor wir in den Garten durften. Wir folgten dem verschlungenen Pfad um den See *(ougonchi)*, der wie das japanische Schriftzeichen für »Herz« *(shin)* geformt ist. Über 100 Moosarten bedecken den Boden und hüllen Gegenstände, Felsen und verstreute Steine in weiche grüne Mäntel. Das Moos wächst dicht um Baumstämme und in Sprenkeln auf den Ziegeln des Tempeldachs. Die zentrale Moosinsel mit Steinbrücken, die sich im stillen Wasser des Sees spiegeln, wirkt überirdisch und lässt an Märchenwelten denken. Mit seiner weichen, sich mit der Zeit verändernden Patina strahlt der Garten eine ruhige Melancholie aus.

Der Garten besitzt einige bemerkenswerte Szenerien. Der *karesansui* (Steingarten) ist ein Musterbeispiel für die Prinzipien des Zen. Das Teehaus verfügt über eine Plattform zur Mondbeobachtung, ein rundes Fenster bildet den Rahmen für eine »moosige« Aussicht.

Saihoji ruft einem auf wunderbare Weise ins Gedächtnis, dass die Natur ein Ort der Verehrung sein kann – perfekt für eine Meditation.

南禅寺

8-6 Nanzenji, Fukuchi-cho, Sakyo-ku, Kyoto

Bahnhof Keage, dann zu Fuß (10 Minuten)

NANZENJI-TEMPEL

KYOTO

Die stille Schönheit des Nanzenji ist ein Muss für Zen-Reisende. Je nachdem, welcher Richtung Sie folgen, liegt er am Anfang oder am Ende des Philosophenwegs. Er ist unsere Pilgerstätte am Weihnachtstag, ein lieb gewonnener Teil unseres Japans, ein weitläufiger Komplex mit einer Vielzahl von spektakulären offensichtlichen und versteckten Momenten.

Der Nanzenji, der zur Rinzai-Schule gehört und auf die Mitte des 13. Jahrhunderts zurückgeht, ist ein lebendiges Zen-Museum. In seiner Geschichte erlebte er Kriege, Invasionen (die Mönche der Tendai-Sekte vom Berg Hiei zerstörten den Tempel 1393, unbeeindruckt von der wachsenden Popularität der Zen-Praxis) und Brände. Wir lieben den Spaziergang zum beeindruckenden *sanmon* (Bergtor) von 1628. Seine dicken Holzsäulen rahmen die Haupthalle *(hondo)* des Nanzenji, die von prachtvollen Herbstfarben oder dicken Moosteppichen umgeben ist.

Der Garten des Untertempels Tenjuan gehört zu den verborgenen Schönheiten Japans. Der zentrale Teichgarten mit Moos, Brücken, Wasserfällen und Felsformationen ist wie geschaffen für einen kontemplativen Spaziergang. Im Winter finden Sie uns hier in der Abenddämmerung, wenn die Glocken läuten.

Ein seltener und oft übersehener Schatz des Nanzenji ist der Zen-Trockengarten der *hondo*, der gemeinhin Kobori Enshu zugeschrieben wird, einem der berühmtesten Zen-Gärtner in der Geschichte Japans. Der Garten verkörpert die zentrale Idee von Tigern und deren Jungen (dargestellt durch drei große und drei kleine Felsen), die einen Bach (den weißen Sand) durchqueren, die im ganzen Land zu einem beliebten Thema für Trockengärten geworden ist.

建仁寺

KENNINJI-TEMPEL

KYOTO

584 Komatsu-cho,
Higashiyama-ku, Kyoto

kenninji.jp

Bahnhof Kyoto, dann mit dem Bus 100 oder 206 bis Gion, anschließend zu Fuß (10 Minuten)

Der Kenninji, dessen Geschichte bis 1202 zurückreicht, ist Kyotos ältester Zen-Tempel und zählt zu den *Kyoto gozan*, den fünf wichtigsten Rinzai-Zen-Tempeln in Japan. Sein Gründungspriester Kikuchi Yosai wurde in China vom Zen geprägt und brachte die Lehren mit nach Hause. Er ist auch Gründer der Teezeremonie (*siehe S. 42 – 59*), die heute noch so praktiziert wird wie vor Hunderten Jahren.

Der Kenninji liegt nur einen kurzen Spaziergang vom beliebten Stadtteil Gion entfernt und ist für Kyoto-Entdecker leicht zu erreichen. Zu seinen Schätzen gehören die Stellschirme des Rinpa-Künstlers Tawaraya Sotatsu, auf denen die Götter des Windes und des Donners dargestellt sind. Zwei unserer Lieblingsgärten befinden sich hier: der »Garten des Klangs der Gezeiten« und der Garten »Kreis, Dreieck, Quadrat«, der die Formen darstellt, die jeden Aspekt des Universums ausmachen. Die Dharma-Halle stammt von 1765. Ein beeindruckendes Werk von Koizumi Junsaku, *Zwillingsdrachen* (2002), ein Tintengemälde auf Papier, das das 800-jährige Bestehen des Kenninji feiert, ziert die Decke des *hatto* (Vortragssaal). Zu der schönen Anlage gehören ein sehenswerter Trockengarten und viele beeindruckende Gebäude, die von Bäumen und dichtem Moos umgeben sind.

Der Kenninji bietet Kurse für Kalligrafie und *zazen* (Sitzmeditation) unter der Leitung von Keinin Magami an, dem stellvertretenden Obermönch des Tempels. Dabei werden dieselben Methoden wie im Tempel angewandt, darunter der Zen-Stock *keisaku* als Unterstützung für Haltung und Konzentration, um Körper und Geist in ein harmonisches Gleichgewicht zu bringen. Weitere Informationen finden Sie online (kenninji.jp).

仁和寺

NINNAJI-TEMPEL

KYOTO

33 Omuroouchi, Ukyo-ku, Kyoto

ninnaji.jp

Bahnhof Omuro-Ninnaji

Der Tempel in Nord-Kyoto ist eine UNESCO-Welterbestätte. Wir kommen häufig hierher, um über die hölzernen Wege zu spazieren, die am späten Nachmittag besonders schön sind, in den Gärten zu verweilen und die beiden historischen Teehäuser Hito-tei und Ryokaku-tei zu bewundern.

Der Ninnaji wurde 888 als Haupttempel der Omuro-Schule des Shingon-Buddhismus gegründet, die großen Wert auf körperliche Ausdrucksformen der Hingabe wie Gebete, Rituale und Gesänge legt. Die ursprünglichen Gebäude sind zwar nicht mehr erhalten, aber die Haupthalle, das Haupt- und das Innentor sowie die fünfstöckige Pagode stammen noch aus dem frühen 17. Jahrhundert. Der Ninnaji ist berühmt als einer der letzten Tempelkomplexe, in denen man noch die *sakura* (Kirschblüte) bewundern kann, und deshalb ideal, um am Ende der Saison inmitten der rosa Blütenpracht zu spazieren. Die *Somei-yoshino*-Blüten schmücken die Haupthalle, und die Trauerkirschbäume umranken den Glockenturm.

Für Wanderer und Spaziergänger bietet der Ninnaji eine Miniaturversion des Shikoku Henro (88-Tempel-Pilgerweg, *siehe S. 194f*). Die Omuro-Pilgerreise beginnt hinter dem Tempel und führt zwei Stunden durch eine herrliche Landschaft.

Die *shukubo* (Tempelunterkunft) für fünf Gäste bietet ein luxuriöses und maßgeschneidertes Erlebnis für alle, die eine unvergessliche Erfahrung machen wollen. Hier übernachtet man in einem traditionellen Haus mit Teehaus und Trockengarten. Wenn der Tempel seine Pforten für den Tag schließt, können Sie über das Gelände wandern, als wäre es Ihr Zuhause.

東福寺

TOFUKUJI-TEMPEL

KYOTO

15-778 Honmachi,
Higashiyama-ku, Kyoto

tofukuji.jp

Bahnhof Tofukuji, dann
zu Fuß (10 Minuten)

Der Tofukuji, dessen Geschichte bis ins Jahr 1236 zurückreicht, befindet sich in der Haupttempelanlage der Rinzai-Schule. Er ist eine der elegantesten spirituellen Einrichtungen Kyotos. Das *Sanmon*-Tor von 1425 ist das älteste Zen-Tor der Welt. Kujo Michiie, ein Regent in der Kamakura-Zeit (1192 –1333), wollte einen Tempel nach dem Vorbild der großen Anlagen der Nara-Zeit (794 –1185) errichten. Trotz Bränden, Kriegen und dem Zahn der Zeit verströmen die prächtigen Gebäude auf dem Tempelgelände noch immer einen alten Zauber. Drei Brücken überspannen die Täler auf dem Weg zum *kaisando* (Halle des Gründers in einem buddhistischen Tempel), und im Herbst leuchten die Bäume mit ocker- und zinnoberrotem Laub.

Zen-Gärten liegen in der Regel nur auf einer Seite des *hojo* (Abtsquartier). Im Tofukuji umgeben Zen-Gärten alle vier Seiten der Halle. Der berühmte Gärtner und Historiker Mirei Shigemori, der sie 1939 entwarf, schöpfte aus seiner Ausbildung in *Nihonga*-Malerei, Ikebana und Teezeremonie, um Gärten zu schaffen, bei denen er sich auch nicht scheute, wichtige westliche Einflüsse aufzunehmen. Heute wirken die Gärten zeitlos, als seien sie schon vor Jahrhunderten, gestern oder morgen angelegt.

Unser Favorit ist der nördliche Garten. Er besteht aus einem Muster aus unregelmäßig angeordneten Quadraten in einem flauschigen Rasenteppich, den kugelförmig geschnittene Hecken säumen. Spazieren Sie herum und achten Sie auf die Unterschiede zwischen den vier Gärten. Sie bieten ein einmaliges Zen-Garten-Erlebnis.

龍安寺

13 Ryoanji Goryonoshita-cho, Ukyo-ku, Kyoto

ryoanji.jp

Bahnhof Ryoanji, dann zu Fuß (7 Minuten)

RYOANJI-TEMPEL

KYOTO

Der »Tempel des Drachen im Frieden« gehört zum UNESCO-Welterbe und beherbergt den bekanntesten Trockengarten Japans. Es heißt, der Garten enthalte vier Geheimnisse oder Mysterien, die der Betrachter erfahren und dann entschlüsseln muss. Nehmen Sie also auf dem hölzernen Tempelgang Platz und meditieren Sie intensiv über den Garten und seine Bedeutung.

Zum ersten Mal haben wir den Ryoanji in Kyoto an einem kalten Herbstmorgen besucht. Wir traten durch das Haupttor, umrundeten den großen Teich, folgten dem Pilgerweg zum *hojo* von 1450, bewunderten die schönen bemalten Schiebetüren und stießen auf den Trockengarten. Die meisten Besucher sitzen beim Betrachten des Gartens auf dem Holzboden des *hojo*; doch wir hatten gelesen, dass man nur im Stehen alle Steine sieht. Wir blickten auf die erdfarbenen Wände, die ein Rechteck aus perfekt geharktem Sand einrahmen. Darin ragen vom Gestalter sorgfältig platzierte Felsen auf, die teils auf moosigen Inseln sitzen.

Ob die Bedeutung des Gartens so einfach ist wie die Standardmotive einer Insel oder eines Tigers mit seinem Jungen oder ein komplexes Geheimnis von tiefer historischer Signifikanz beinhaltet, wird unter Zen-Studierenden häufig diskutiert. Einige glauben, der Garten stelle die Unendlichkeit dar – eine weitverbreitete Sichtweise. Es herrscht jedoch weitgehend Einigkeit darüber, dass Bedeutung und Ursprung des Gartens mysteriös sind. Seine Geschichte ist umso geheimnisvoller, als man nicht weiß, wer ihn angelegt hat.

Beim weiteren Erkunden der Anlage bewunderten wir das Teehaus und den *wabisuke tsubaki*, Japans ältesten Kamelienbaum. Nachdem wir unsere Hände in einem steinernen Wasserbecken gewaschen hatten, aßen wir Tofu-Spezialitäten im Ryoanji Yudofu Umegaean mit traumhaftem Blick auf einen moosbewachsenen Garten.

銀閣寺

GINKAKUJI-TEMPEL

KYOTO

2 Ginkakuji-cho,
Sakyo-ku, Kyoto

shokoku-ji.jp/en/ginkakuji

Bahnhof Kyoto, dann mit dem Bus 5, 17 oder 100 zur Bushaltestelle Ginkakuji-michi, anschließend zu Fuß (3 Minuten)

Bei einem stillen Spaziergang entlang des moosbewachsenen Kanals des Philosophenwegs befinden Sie sich in guter Gesellschaft. Auf diesem Weg wandelte einst der große japanische Denker Kitaro Nishida während seiner Meditationen. Wenn während der Kirschblüte Menschenmassen den Empfang blockieren, kommen Sie am besten frühmorgens oder in der Abenddämmerung.

Der Ginkakuji, der silberne Tempel, liegt am Nordende des Philosophenwegs (der Nanzenji, *siehe S. 30*, am Südende). Als er 1482 als Altersruhesitz des Shoguns Ashikaga Yoshimasa erbaut wurde, sollte er mit Silber überzogen werden, doch leider gingen dem Shogun die Mittel aus. Der Tempel ist heute bekannt für seine herrlichen Gärten, den fantastischen Blick über Kyoto (vom oberen Ende des Gartenwegs) und den einzigartigen Trockengarten aus Sand. Dieser ist mit einem besonders bemerkenswerten Element ausgestattet, einem großen, *kogetsudai* oder »Mondaussichtsplattform« genannten Sandkegel. Es heißt, dass er dem Spiegelbild des Monds in einem stillen Teich ähnelt, wenn man ihn vom obersten Stockwerk des Tempels aus betrachtet. Der Sand, der zur Plattform führt, sieht aus wie ein einfacher Weg, doch bei näherer Betrachtung zeigt sich ein subtiles, wunderschönes Muster, das eine komplizierte, mühevolle Ausführung erfordert.

Die bergige Umgebung wirkt ebenso beruhigend wie die gepflegten Bäume und Wege. Als wir den Tempel im tiefen Winter das erste Mal besuchten, war der Trockengarten von einer dünnen Schneeschicht bedeckt, und uns kam folgendes Zen-Sprichwort in den Sinn »... keine Schneeflocke fällt jemals an der falschen Stelle ...«.

大雄山最乗寺

DAIYUZAN-SAIJOJI-TEMPEL

HAKONE

1157 Daiyu-cho,
Minamiashigara, Kanagawa

daiyuuzan.or.jp

Bahnhof Daiyuzan, dann mit dem Bus oder zu Fuß (45 Minuten)

Ein paar Stunden von Tokyo entfernt können Sie abseits der Touristenströme in ruhiger Natur entspannen und die reiche Geschichte des Zen kennenlernen. Der versteckt in den üppigen Bergwäldern nordöstlich von Hakone gelegene Saijoji geht auf das Jahr 1394 zurück, und seine Geschichte manifestiert sich in jedem Baum, jeder Blume und jedem Gebäude auf dem weitläufigen Gelände. Der Tempel ist ein wichtiger Ort der Kraft und bietet viele Vorzüge. Wir erkundeten intensiv die üppige Vegetation und die uralten Zedern, die das Innere des Heiligtums schmücken. Die leuchtende Pracht des Herbstlaubs lockert die Dunkelheit der Tempelgebäude mit Farbtupfern auf.

Wir nahmen an den Morgen- und Abendgebeten im *goshinden* (Gebetshalle) teil, bevor wir durch das Gekkai-mon-Tor und über die Gokku-bashi (eine schöne Brücke mit Blick auf den weit entfernten Sanshin-no-taki-Wasserfall) spazierten. Der herrliche Okunoin-Schrein begrüßte uns, nachdem wir die 354 Steinstufen hinaufgestiegen waren. Wir tranken das »Diamantwasser« aus der Kongousuidou-Quelle, das Krankheiten heilen soll. Auf der Suche nach den berühmten heiligen Tieren der Anlage fanden wir die Figuren von *ryu* (Drache), *ikkakuju* (Einhorn) und *komainu* (Wächterhund), die mit verschiedenen Kräften ausgestattet sind. *Ikkakuju* etwa heilt Krankheiten und segnet einen mit einer Schwangerschaft, wenn man es berührt.

Der Saijoji bietet tiefe religiöse Erfahrung inmitten der Natur, wo die Kraft des Zen in jedem Element der Umgebung existiert. Nehmen Sie etwas von der Stille mit nach Hause, damit Sie auch an lauten Orten Ruhe finden können.

宝徳寺

5-1608 Kawauchi-cho,
Kiryu, Gunma

visit-gunma.jp/en/spots/
hotokuji-temple

Bahnhof Kiryu, Nordausgang,
dann mit dem Bus
(25 Minuten)

HOTOKUJI-TEMPEL

KIRYU

Der Hotokuji ist ein buddhistischer Tempel der Rinzai-Schule und stammt aus der Zeit um 1450. Hotokuji wird auch Koyo (»buntes Herbstlaub«) genannt, für das er berühmt ist und mit dem er uns eines unserer Lieblings-Zen-Erlebnisse beschert.

Im November strömen die Menschen in den Tempel, um die herrlichen Rot- und Gelbtöne des *momiji* (Herbstlaub) zu sehen, das sich in den hochglanzpolierten Böden *(yuka)* der Haupthalle im Zen-Stil spiegeln. Die glänzenden Böden, die wie ein glatter See vor den Bäumen liegen, schaffen eine neue Welt, eine fantastische Dimension leuchtender Herbstbäume. Rund 100 Bäume auf dem Tempelgelände spiegeln sich darin. Ziehen Sie Ihre Schuhe aus, nehmen Sie den Lotussitz ein und meditieren Sie über das neue Bewusstsein, das durch das Laub entsteht, wenn alles von der kraftvollen Schönheit und der Vergänglichkeit des Lebens durchdrungen ist – eine perfekte Zusammenfassung des Konzepts *wabi-sabi*. Der Boden ist auch im verschneiten Winter spektakulär, wenn die Bäume in der Dämmerung beleuchtet werden, oder im grünen Laub des Sommers.

Vor der Haupthalle liegt ein unbedingt sehenswerter, im Zen-Stil gepflegter Steingarten, den man durch ein großes *katomado* (Blumenfenster) betrachten kann. Es heißt, dass der Steingarten die wechselnden Farben des Herbstlaubs spirituell ergänzt.

WISSENSWERT

Man darf die polierten Böden nicht betreten, sondern sie nur von einem anderen Raum aus betrachten.

方丈

鈴木大拙館

3-4-20 Honda-machi,
Kanazawa, Ishikawa

kanazawa-museum.jp

Bahnhof Kanazawa, dann mit dem Loop Bus bis Honda-machi, anschließend zu Fuß (4 Minuten)

D.T. SUZUKI MUSEUM

KANAZAWA

Daisetsu Teitaro Suzuki (Daisetsu bedeutet »große Demut«, den Namen erhielt Suzuki von seinem Zen-Meister) war ein Zen-Gelehrter und Schriftsteller des frühen 20. Jahrhunderts. Als Übersetzer, Autor und Philosophieprofessor in Tokyo, London und Amerika (ganz zu schweigen von seiner Tätigkeit als Zen-Schüler am Engakuji in Kamakura) trug er maßgeblich dazu bei, die Zen-Prinzipien einem westlichen Publikum nahezubringen. Achtsame Reisende finden ein spirituelles Zuhause im ruhigen, kontemplativen D.T. Suzuki Museum, das Suzukis Zen-Theorien gewidmet ist. Es steht in seinem Geburtsort Honda-machi in Kanazawa.

Die Gestaltung des Museums spiegelt das Werk des Zen-Modernisten Suzuki perfekt wider. In den englisch beschrifteten Ausstellungsräumen können Sie seine Schriften, Fotografien, Bücher und wichtigen kulturellen Objekte bewundern, bevor Sie in den Innenhof gehen. Die minimalistische Anlage ist frei von jeglicher Dekoration, ihre Einfachheit bietet eine Form der Zurückgezogenheit. Über eine kurze Plattform gelangt man zu einem weißen Kubus, den ein spiegelndes Wasserbecken umgibt, das bis an den Rand des Wegs reicht. Der Kubus ist ein Raum der Kontemplation, der dazu einlädt, in den Himmel oder in das stille Wasser zu blicken. Der Architekt Yoshio Taniguchi, dessen Lebenslauf so eindrucksvoll ist wie der von Suzuki (er hat das MoMA in New York gebaut), hat unserer Meinung nach ein Gebäude entworfen, das sich in einem ständigen Zustand der Meditation und Ruhe zu befinden scheint.

Auf der anderen Seite des Wassers befindet sich eine kleine Plattform, die wie ein Steg in die Unendlichkeit wirkt. Wir standen am Rand des Wassers und blickten auf die spiegelglatte Oberfläche, aus der in regelmäßigen Abständen ein Wasserstrahl sprudelte, dessen Wellen sich wie neue Ideen ausbreiten.

茶
道

Teezeremonie

Chado (Teezeremonie) gehört mit *kodo* (Weg des Dufts, *siehe S. 84*) und *kado* (Weg der Blumen, *siehe S. 88*) zu den drei klassischen japanischen Kunstformen. Die ersten Aufzeichnungen über Tee oder *cha* 茶 in Japan stammen aus dem 8. Jahrhundert, als Tee aus China eingeführt wurde. Doch erst im 16. Jahrhundert verliehen ihm die Pioniere der Teezeremonie, die Mönche Murata Juko und Sen no Rikyu, mithilfe der Prinzipien des *wabi-sabi* einen spirituellen Status. Durch die Lehre des *wabi-sabi* war Teetrinken kein Luxus mehr, sondern eine bescheidene Zeremonie mit minimalistischen Ikebana-Arrangements und einfacher Keramik.

Ein *chashitsu* (Teehaus) ist eine Lektion in Schlichtheit. Wie man es betritt, die Sitzposition, die Aussicht – alles ist berücksichtigt. Während der Zeremonie wird das Wasser auf die exakt richtige Temperatur erhitzt und die *chawan* (Matcha-Schale) sorgfältig ausgewählt. Die kontemplative Stille unterbricht nur das Geräusch des Chasen beim Aufschlagen des Matcha-Pulvers. Kunstvolle *wagashi* (Süßigkeiten) ergänzen das Ritual. Man erlangt einen tranceähnlichen Zustand, aus dem man am Ende körperlich und geistig erfrischt wieder auftaucht.

Ursprünglich dem Adel vorbehalten, wurde Tee schnell auch vom Volk übernommen. Wie Kakuzo Okakura in *Das Buch vom Tee* (1906) feststellt: »Er hat die Eleganz der adligen Boudoirs durchdrungen und ist in die Wohnung der einfachen Leute eingezogen.« Der *nijiri-guchi* (Kriechraum) des Teehauses zwang alle Menschen, sich beim Betreten zu bücken. Die Wohlhabenden mussten ihren Schmuck und die Samurai ihre Rüstungen und Schwerter ablegen.

Japanischen Tee gibt es in verschiedenen Formen: Matcha, ein leicht bitteres Pulver aus gemahlenen Teeblättern, wird am häufigsten bei Teezeremonien verwendet. Sencha besteht aus eingeweichten Matcha-Blättern, *hojicha* aus über Holzkohle gerösteten Blättern, und *genmaicha* ist eine Mischung aus geröstetem gepufftem Reis und grünen Teeblättern.

Tee ist für uns ein wesentlicher Bestandteil unserer Japan-Reisen. Er lässt uns innehalten, gibt Raum zum Nachdenken und Entspannen. An vielen Orten, die Sie besuchen, wird japanischer Tee serviert – für die Gastgeber eine wichtige Gelegenheit, sich freundlich zu zeigen. Doch egal, wann und wo, konzentrieren Sie sich auf Ihre Freude, das Gefühl in den Händen, die die Keramikschale halten. Schließen Sie die Augen, nehmen Sie den Dampf und den Duft wahr, genießen Sie das schaumige Grün des Matcha, den erfrischenden Schock eines kalten Tees im Hochsommer oder eines wärmenden Sencha im Winter.

Teefans sollten im Frühjahr nach Fuji in Shizuoka fahren, wenn die Teefelder kurz vor der Pflückung am prächtigsten sind. In Obuchi Sasaba und Imamiya bildet der schneebedeckte Fuji eine beeindruckende Kulisse für die weiten Reihen aus Teehecken. Von Teehäusern in Gärten und Tempeln über stille Zeremonien in schönen Räumen bis hin zu den riesigen Teefeldern in Uji (*siehe S. 50f und 52*), Kagoshima und Shizuoka ist Tee ein Teil der japanischen Geschichte. Er ist Ritual, Poesie und Kunst zugleich. Letztlich geht es aber darum, sich Zeit zu nehmen, um den perfekten Aufguss zu genießen.

Vorhergehende Seite: Tokoan im Imperial Hotel; *rechte Seite oben links:* Teefelder in Obuchi Sasaba, Shizuoka; *rechte Seite oben rechts:* Tee und Süßes in Uji; *rechte Seite unten:* Steve beim Matcha-Trinken im Taizoin-Tempel

抹茶

丸久小山園　西洞院店

561 Sanbonishitoin-cho, Nakagyo-ku, Kyoto

marukyu-koyamaen.co.jp

Bahnhof Karasuma Oike, Ausgang 4-1

TEELADEN NISHINOTOIN UND TEEHAUS MOTOAN

KYOTO

Der Gründer der Teefirma Marukyu Koyamaen, Kyujiro Koyama, perfektionierte in der Edo-Zeit (1603 –1867) in Uji sein Können in der Teeproduktion. Heute hält seine Familie die tief verwurzelten Traditionen ihres Vorfahren in Ehren und passt zugleich die Herstellungsverfahren an das 21. Jahrhundert an. Auf ihrer riesigen Plantage produziert sie den Tee, den sie in ihren Teeläden und in Inhouse-Filialen in den schicken Kaufhäusern Takashimaya und Isetan in Kyoto verkauft.

Marukyu Koyamaens Teeladen Nishinotoin liegt im Südwesten Kyotos in einem schönen *machiya* (traditionelles Stadthaus aus Holz) mit dunkler Fassade, *Noren*-Vorhängen und gedämpftes Licht verströmenden Papierlaternen. In einem eleganten Raum mit Ikebana, aufgehängter Schriftrolle und raumhohen Fenstern mit Blick auf einen Innenhofgarten kann man sich unter die feine Kundschaft mischen. Der Teeladen Nishinotoin ist einer der besten Japans, und sein Motto »Teeherstellung mit Qualität als oberster Priorität« spiegelt sich im Laden und in allen Waren wider. Zu kaufen gibt es sowohl hochwertigen Matcha für Zeremonien als auch Koch-Matcha in stilvollen Behältern, die sich perfekt als Eyecatcher für zu Hause oder als Geschenk für Designfans eignen.

Auf der Süßspeisenkarte stehen im Sommer Matcha- und *Hojicha*-Eis sowie *kakigori* (geschabtes Eis), besonders verlockend ist jedoch der Matcha-Kuchen, ein Baumkuchen mit subtilen Teearomen und einem unwiderstehlichen dunkelgrünen weichen Kern. Auf dem Anwesen wurde ein traditionelles *chashitsu* (Teehaus) komplett mit einem *nijiri-guchi* (Kriechraum) nachgebaut.

Kaufen Sie auf jeden Fall einen Matcha-Besen und originales Teegeschirr, um Ihre Teefertigkeiten zu Hause zu üben. Informieren Sie sich im Internet (marukyu-koyamaen.co.jp) über die ausgezeichneten Workshops zur Matcha-Zubereitung.

小山園
茶
久

一保堂

IPPODO

KYOTO

52 Teramachi-dori,
Tokiwagi-cho,
Nakagyo-ku, Kyoto

ippodo-tea.co.jp

Bahnhof Shiyakusho-mae,
Ausgang 11, dann zu Fuß
(5 Minuten)

Ippodo verkauft seit drei Jahrhunderten Tee, der »von Mutter Natur gesegnet« und auf den fruchtbaren Teefeldern der Region gepflückt wurde, und zählt zu den angesehensten Teeläden Japans. Er ist der Inbegriff des Kyotoer Tee-Einkaufserlebnisses – von der eleganten dunklen Holzfassade mit dem ikonischen *Kanji*-Logo auf weißen *noren* über die dunkle Holzbalkendecke bis hin zu den makellosen Uniformen des Personals und dem tadellosen Service.

Das Teesortiment ist umfangreich: Sencha, Matcha, *hojicha* und *genmaicha* sind alle in den kultigen Ippodo-Dosen erhältlich. Im Teehaus wird der Tee zusammen mit saisonalen Süßigkeiten serviert. Wer Sencha oder *bancha* (Alltagstee) bestellt, erhält ihn mit einer kleinen Teekanne, drei Teetassen und einem Timer. Und ganz nebenbei fallen Sätze wie »Teeblätter lösen sich auf« und »nicht umrühren«. Wer wissen will, welche Teesorten mit oder ohne Beschattung angebaut werden, kann sich zu einem Teekurs oder einer Verkostung anmelden.

In der Weihnachtszeit sollten Sie sich für den Neujahrstee aus jungen Blättern anstellen, der nur in begrenzter Menge angeboten wird – eine Tradition, die wir jedes Mal pflegen, wenn wir Weihnachten in Kyoto verbringen. Ippodo verkauft auch Teekannen, Teebesen, Tassen und Behälter, die zu den edelsten Geschenken und Mitbringseln gehören, die Sie in Japan finden können.

高台寺

526 Shimokawara-cho, Higashiyama-ku, Kyoto

kodaiji.com/e_index.html

Bahnhof Gion-shijo, Ausgang 7, dann zu Fuß (10 Minuten)

TEEZEREMONIE IM KODAIJI-TEMPEL

KYOTO

Der Kodaiji ist ein kleiner, über 400 Jahre alter buddhistischer Tempel der Rinzai-Schule und liegt etwas abseits des beliebten Viertels Gion. Sein Leitmotiv ist Lack und Gold – die verzierte Oberfläche des Originaltempels –, und wen die Verbindung dieser beiden luxuriösen Elemente inspiriert, sollte unbedingt den Schrein des Feldherren Toyotomi Hideyoshi ansehen (seine sterblichen Überreste sind im Otamaya bestattet). Die *kangetsudai* (Mondaussichtsplattform), das Omotetmon (Tor zum Heiligtum), überdachte Brücken, die beeindruckende *sakura* (Kirschblüte) und Ahornbäume machen den Kodaiji zu einem der ruhigsten und stimmungsvollsten Tempel Kyotos.

Auf dem Gelände können drei traditionelle *chashitsu* (Teehaus) besichtigt werden. Bei unserem ersten Besuch bewunderten wir die Architektur des Ihoan (»Häuschen des anhaltenden Duftes«). Es ist eines der schönsten *chashitsu* aus dem 16. Jahrhundert in Japan und mit seinem überdimensionierten Strohdach über den leicht wackeligen gelben Wänden und den auffälligen großen Gitterfenstern ein traumhafter Anblick. Das Teehaus wurde von dem Teemeister Sen no Rikyu entworfen, der es mit allen Elementen seines Konzepts des *wabi-cha* (schöner, einfacher Tee) ausstattete.

Auf dem Tempelgelände werden zu verschiedenen Zeiten und an verschiedenen Orten acht Teezeremonien abgehalten. Bei unserem zweiten Besuch buchten wir telefonisch (+81-75-561-9966) die morgendliche Teezeremonie. Die einstündige Zeremonie mit nur drei Teilnehmern beginnt mit einer Einführung in die Geschichte des Tees und der Teetraditionen, Etikette und Keramik. Die folgende traditionelle Zeremonie wird auf Japanisch abgehalten, für Ausländer wird ein englischer Übersetzer zur Verfügung gestellt.

対鳳庵

Togawa-2, Uji, Kyoto
city.uji.kyoto.jp
Bahnhof Uji (Nara-Linie), Südausgang, dann zu Fuß (20 Minuten)

TAIHOAN

UJI

Die von Kyoto aus nur einen Katzensprung entfernte historische Stadt Uji ist die spirituelle Heimat des Tees. In der Omotesando-dori bieten die Läden eine überwältigende Auswahl an Matcha, Teekannen, Geschirr und Keramik. Alle Arten von Lebensmitteln, einschließlich Nudeln und Currys, sind mit Matcha aromatisiert, und vor den Lokalen und Läden mit Matcha-Desserts und -Softeis bilden sich lange Schlangen.

Das Taihoan ist ein schlichtes, stimmungsvolles Teehaus im *Sukiya-zukuri*-Stil. Der Name bedeutet »Teehaus gegenüber dem Phönix«, da es direkt gegenüber dem goldenen Vogel liegt, der auf der beeindruckenden *hondo* (Haupthalle) im benachbarten Byodoin-Tempelgelände sitzt. Im Taihoan, das von der Stadt Uji betrieben wird, kann man an Teezeremonien teilnehmen, die von Mitgliedern der Tea Ceremony Association in traditioneller Kleidung abgehalten werden.

Hier kann man nur auf einen Sprung vorbeikommen und 30 Minuten lang leichten Tee genießen – eine perfekt gequirlte Schale Matcha mit *wagashi* (japanische Süßigkeiten). Wir empfehlen jedoch, im Voraus für das 50-minütige Set Dark Tea/Light Tea zu reservieren. Für den dunklen Tee wird dreimal so viel Tee verwendet wie für eine gewöhnliche Schale Matcha, deshalb hat er einen viel intensiveren Geschmack. Dazu gibt es eine klassische Schale mit gequirltem Matcha (heller Tee) und *wagashi*. Gegen eine zusätzliche Gebühr können Sie im *Ritsurei*-Raum beim 40-minütigen *otemae* (Etikette der Teezeremonie) von Meistern lernen. Beim *otemae* wird Ihnen ein Begleiter zur Seite gestellt, der Sie durch die sorgsamen Schritte einer Teezeremonie führt.

中村藤吉本店 宇治本店

NAKAMURA TOKICHI HONTEN

UJI

Ichiban-10, Uji, Kyoto

tokichi.jp

Bahnhof Uji (Nara-Linie), Südausgang, dann zu Fuß (5 Minuten)

Wenn Sie den Bahnhof in Uji verlassen, folgen Sie einfach dem Duft von aufgebrühtem Tee – und schon erreichen Sie das schöne, 1854 gegründete Hauptgeschäft von Nakamura Tokichi. Nur noch ein Schritt durch die *Noren*-Vorhänge aus Hanf mit dem berühmten Nakamura-Logo, und Sie finden sich in einem Paradies für Teeliebhaber wieder. Der traumhafte Laden ist als »Wichtiges Kulturgut Japans« ausgewiesen und wegen der Tees und Süßigkeiten äußerst beliebt.

Stellen Sie sich auf eine lange Schlange vor dem Café ein. Hier verführen hohe Parfaits aus Matcha-Pudding, Gelee, *mochi* und Eiscreme. Verlockend sind auch mit Tee angereichertes *kakigori* (geschabtes Eis), Matcha-Biskuit-Trifles sowie Kuchen und Eis mit Rote-Bohnen-Paste. Wir haben die umfangreiche Teekarte erkundet, deren Palette von delikat bis abenteuerlich reicht. Nakamuras Spezialmischung besteht aus sieben Sorten und wird nach dem japanischen *Gogumi*-Verfahren hergestellt: Dabei wird Tee so vermischt, dass ein perfektes Gleichgewicht erreicht wird. Der Sencha wird ohne Beschattung produziert, weshalb er bitterer schmeckt – Nakamura ist stolz auf seinen traditionellen Sencha, anders als viele Hersteller, die die Bitterkeit herausnehmen.

Anschließend deckten wir uns im schönen Laden mit Tees, Utensilien, Kuchen und mit Tee aromatisierter Schokolade ein. Ein besonderes Erlebnis sind im Zuishoan, einem eleganten Teehaus aus der Genroku-Zeit (1688–1704), die rund 90-minütigen traditionellen Teezeremonien und der *hiki-cha*, bei dem Sie Ihre eigenen Teeblätter mit einer Steinmühle zu Matcha mahlen. Buchen Sie mindestens einen Tag vorab online (tokichi.jp).

ワドウ

WAD CAFE

OSAKA

Toshin Building 2F,
4-9-3 Minamisenba,
Chuo-ku, Osaka

wad-cafe.com

Bahnhof Shinsaibashi,
Ausgang 3

Der kleine, aber perfekt gestaltete Teeraum des Wad ist für uns einer der Höhepunkte bei jeder Reise nach Osaka. Das winzige Schild zu finden und die steile Treppe hinaufzusteigen, gehören zur Entdeckung von Wads moderner Interpretation eines traditionellen Teezeremonienraums. Im Inneren hängen mit Moos gefüllte Terrarien vor wehenden *Noren*-Vorhängen. Das Personal gleitet in makellosen Leinenuniformen durch den Raum. Tief hängende Lampen, warmes Holz und umfunktionierte Möbel verleihen dem Raum die besondere, einfache und rustikale, aber dennoch edle Atmosphäre, die die Japaner perfektioniert haben.

Omotenashi bedeutet Gastfreundschaft – im Wad erleben Sie eine Meisterstunde in raffinierter Zurückhaltung. Die überschaubare Speisekarte bietet eine Auswahl von Tee aus Wazuka-cho (Kyoto). Kalter und heißer Matcha, Sencha und *hojicha* werden zusammen mit *wagashi* serviert. Wenn Sie Matcha bestellen, können Sie vor dem Aufschlagen des Tees ein handgefertigtes Gefäß wählen. Lassen Sie Ihre Intuition walten und wählen Sie das, das Ihnen am besten gefällt. Das *kakigori* ist ein Muss (vor allem im Sommer); wir bestellen dazu gern Rote Bohnen und Sirup. In der hauseigenen Galerie stellt das Wad seine Lieblingskünstler aus dem ganzen Land aus, auch die Keramiken im Teeraum können Sie kaufen. Wad ist ein lokaler Favorit, für den es sich lohnt, Schlange zu stehen. Sobald Sie Platz genommen haben, werden Ihr Geist und Ihr Körper in eine magische Zeit und an einen magischen Ort versetzt – einfach wunderbar!

東光庵

1-1-1 Uchisawai-cho, Chiyoda-ku, Tokyo

Bahnhof Yurakucho, dann zu Fuß (5 Minuten)

TOKOAN IM IMPERIAL HOTEL

TOKYO

Das große, imposante und ausgesprochen luxuriöse Imperial ist eines der renommiertesten Hotels in Tokyo. Überraschenderweise verfügt es im vierten Stock über ein wunderschönes Teehaus im traditionellen Stil. Der Raum für die Tokoan-Teezeremonie ist nicht einfach nur ein Zimmer, sondern eine perfekt umgesetzte Nachbildung eines traditionellen Teehauses im *Sukiya-zukuri*-Stil mit einer klassischen Dreiraumstruktur. Die architektonische Exzellenz verleiht ihm etwas Zeitgenössisches, und dennoch ist es ein kleiner Schock, wenn man das Teehaus vom im westlichen Stil erbauten Imperial Hotel aus betritt, erscheint es doch wie aus Zeit und Raum gefallen – und das ist auch so beabsichtigt. Durch seine Gestaltung soll es Sie aus dem Alltag vom urbanen Tokyo in die kultivierte Welt eines klassischen Teehauses auf dem Land entführen.

Folgen Sie den perfekt verlegten Steinen und lassen Sie sich von der gedämpften Beleuchtung und der subtilen Atmosphäre in die richtige Stimmung versetzen. Setzen Sie sich und meditieren Sie über den Ort mit seinen verschiedenen Gängen, die zu Vorzimmern führen, während der modrig-süße Geruch von den *tatami* aufsteigt und sich mit dem berauschenden Aroma von Tee vermischt. Ihr Gastgeber, der die höchste Form des *chado* (Teezeremonie) demonstriert – *omotenashi*, die herzliche Aufmerksamkeit gegenüber dem Gast –, wird sanft durch den Raum gleiten und mit jeder noch so kleinen Bewegung des Handgelenks und der Hände einen weiteren Teil der wunderbaren *Chado*-Teezeremonie enthüllen. Nehmen Sie Platz und genießen Sie den köstlichen Tee und die Süßigkeiten der Saison. Es ist das perfekte Teezeremonie-Erlebnis für alle, die Tokyo nicht verlassen wollen. Buchen Sie im Voraus online (imperialhotel.co.jp/e/tokyo/facility/tokoan.html).

WISSENSWERT

Achtung Architekturliebhaber: Frank Lloyd Wright entwarf das zweite Imperial Hotel in Tokyo im Maya-Revival-Stil. Es wurde im Juni 1923 eröffnet und überstand das große Kanto-Erdbeben im September 1923. Im Zweiten Weltkrieg wurde es teilweise zerstört, 1967 trotz Protesten abgerissen und durch einen Neubau ersetzt.

東光庵

樱井焙茶研究所

SAKURAI

TOKYO

Spiral Building 5F,
5-6-23 Minami-Aoyama,
Minato-ku, Tokyo

Bahnhof Omotesando,
Ausgang B1

Nachdem er 14 Jahre lang sein Handwerk perfektioniert hatte, eröffnete Teemeister Shinya Sakurai im fünften Stock des Spiral Building in Tokyos schickem Stadtteil Omotesando das Teehaus Sakurai, in dem er eine moderne Version der traditionellen Teezeremonie präsentiert. Das Sakurai ist ein außergewöhnlicher Ort für Verabredungen – vor allem für Architektur- und Designfans. Jeder Teil des visuell beeindruckenden Teeraums ist sorgfältig gestaltet und durchdacht, einschließlich der exquisiten Beschriftung. Das minimalistische Lokal ist mit Messing und poliertem Beton gestaltet. Besonders auffällig ist das flache Glasbecken, in das sich ein schimmernder Wasserstrahl ergießt.

Sie werden zu einem Sitzplatz an einer quadratischen Bank geführt, wo der Teemeister in aller Öffentlichkeit seine Magie walten lässt, indem er rührt, schüttelt und einschenkt – Teezubereitung, die Stille verlangt. *Hojicha* wird im Laden geröstet, und die saisonalen Sorten werden in kunstvollen Kesseln und Kannen aufgebrüht und in elegante Keramikgefäße gegossen. Die Sorten stammen aus den besten Teeregionen Japans und werden vor Ihren Augen perfekt gemischt. Genießen Sie Ihren Tee mit einigen der schönsten saisonalen *wagashi*, während Sie den Blick über die beeindruckende Skyline von Tokyo schweifen lassen. Wenn die Sonne untergeht, besuchen Sie das Sakurai, um die ausgezeichneten, mit Tee gemixten Cocktails zu genießen.

如庵

1 Gomonsaki, Inuyama, Aichi

Bahnhof Inuyama, dann zu Fuß (15 Minuten)

JOAN IM URAKUEN-GARTEN

INUYAMA

Zum 400 Jahre alten Teehaus Joan im Urakuen-Garten von Inuyama pilgerten wir an einem kühlen Herbsttag. Durch den als *cha-niwa*, einen hauptsächlich für die Teezeremonie bestimmten Garten, angelegten Urakuen führt ein märchenhafter Spaziergang auf moosbewachsenen Wegen zwischen windgepeitschten Bäumen, Bambushainen, Laternen, hölzernen Toren und Zypressendächern.

Das Joan ist eines der drei ältesten und schönsten Teehäuser Japans. Es wurde 1618 von Oda Uraku, einem Schüler des berühmten Tee-Zeremonienmeisters Sen no Rikyu, erbaut. Ursprünglich in Kyoto errichtet, wurde das Teehaus 1972 verlegt und befindet sich nun im grünen Urakuen.

Obwohl man hier keine Teezeremonie mehr genießen kann, wurde das Joan 1951 zum Nationalschatz erklärt und ist ein lohnendes Ziel für Teeliebhaber, Geschichtsinteressierte und alle, die die *Wabi-sabi*-Aspekte der Teehausarchitektur faszinieren. Wenn Sie das Teehaus von außen betrachten, können Sie spüren, dass in diesen Mauern über Jahrhunderte Zeremonien ausgeführt wurden. Achten Sie auf den Kontrast der gelben Außenwände zu den warmen, dunklen Hölzern und die filigranen Einfassungen der Innenräume. Betrachten Sie den kleinen *nijiri-guchi* (Kriechraum), einen Vorbereitungsbereich mit drei *Tatami*-Matten, der durch einen Korridor mit anderthalb *Tatami*-Matten getrennt ist. Blicken Sie durch das schlichte, aber stilvolle Bambus-Gitterfenster. Das Joan ist das perfekte Beispiel für ein klassisches *chashitsu* (Teehaus).

Wenn das Joan Ihren Teedurst geweckt hat, empfehlen wir Ihnen das nahe gelegene Syodenin Shion. In diesem Haus von Oda Uraku (1547 –1621) werden Tee und *wagashi* in Keramik aus lokaler Produktion serviert.

懐華樓

1-14-8 Higashiyama, Kanazawa, Ishikawa

Kanazawa Loop Bus bis Hashiba-cho, dann zu Fuß (5 Minuten)

KAIKARO

KANAZAWA

Das Kaikaro ist ein beeindruckendes Geisha-Teehaus in Kanazawas Viertel Higashi Chaya, dessen Zauber man schon vor dem Betreten verspürt. Die *kimusuku* (Holzgitterfenster) erzeugen ein faszinierendes Spiel aus Licht und Schatten, das sanft auf die gepflasterte Straße fällt. Nachts ist seine Magie am verlockendsten, doch nur Gäste dürfen die Geisha-Vorstellungen besuchen. Wenn an bestimmten Terminen Aufführungen stattfinden, die für die Öffentlichkeit zugänglich sind (achten Sie auf die Website kaikaro.jp), sollten Sie sich für dieses unvergessliche Erlebnis unbedingt Karten besorgen.

Tagsüber gewährt das 1820 eröffnete Kaikaro jedoch allen einen seltenen Einblick in ein Teehaus aus der Edo-Zeit (1603 –1867). Das Kaikaro ist nicht nur das größte Teehaus *(chaya)* in Kanazawa und als historisches Architekturerbe ausgezeichnet, sondern auch eines der beeindruckendsten Teehäuser der Stadt. In dem kleinen Saal, in dem die Geishas auftreten und Teezeremonien abgehalten werden, ist Geschichte wirklich spürbar. Besonders gefallen haben uns die zinnoberrote Lacktreppe und die bemalten *fusuma* (bespannte Schiebetüren). Der goldene Teeraum ist ein Highlight, ebenso wie die eigentümlich wilde Mischung von Mustern und Designs an Wänden, Trennwänden und auf *Tatami*-Matten. Im Erdgeschoss gibt es Tee und Süßigkeiten. Wir hatten das Glück, an dem zentralen Tisch mit dem traditionellen offenen Feuer und dem darüber aufgehängten Kessel sitzen zu können. Der Matcha wurde mit Blattgold verquirlt, wie es in Kanazawa üblich ist. Es ist Brauch, dass Geishas ihren Kunden Papierfächer mit deren Namen schenken, eine Art kunstvolle Visitenkarten. Das Kaikaro bietet seinen Gästen die Möglichkeit, ihren eigenen Namen mit einfacher Kalligrafie auf einen Papierfächer zu schreiben. Die Kurse werden den ganzen Tag über angeboten, müssen aber vorab online reserviert werden.

Onsen

Legen Sie Kleidung und Alltagssorgen ab und genießen Sie ein altehrwürdiges Baderitual in einer der 3000 heißen Quellen Japans. *Onsen* werden wegen ihrer entspannenden und heilenden Eigenschaften seit Jahrhunderten hoch geschätzt. Wir haben mehr als 250 *onsen* besucht, von ländlichen Badehäusern über Waldrefugien bis hin zu ganzen *Onsen*-Städten sowie speziell erbauten urbanen Super-*sento* (große Bade- und Entspannungszentren). Auf jeder Reise nach Japan übernachten wir immer in mindestens zwei *ryokan* (traditionelle Gasthäuser), die besonders schöne Bäder besitzen. Diese Leidenschaft war der Grund, dass wir das Buch *Onsen of Japan* geschrieben haben.

Das gemeinschaftliche Nacktbaden kann ein heiliges Ritual sein, eine Form der Tiefenentspannung und ein Weg, Beschwerden zu lindern. Es ist kein exklusiver Wellness-Tag, sondern ein erschwingliches, soziales Erlebnis, ein Ausflug, bei dem die Familie oder Freunde die Gesellschaft des anderen genießen und *hadaka no tsukiai*, »nackte Kommunikation«, betreiben können. Im Bad, wo alle gleich sind, kann man in entspannter Gemütslage tiefgründige oder zwanglose Gespräche führen.

Die Vorbereitung auf ein *onsen* ist ein präzises Ritual (*siehe* Schnellkurs *auf S. 64f*). Zu dessen Ablauf gehört es, die Kleidung in den Schrank zu legen, den Körper zu waschen, dann in das heiße Quellwasser einzutauchen und den Geist von allen Sorgen und Problemen zu befreien. Abgesehen von der Entspannung bietet das *Onsen*-Wasser eine Reihe natürlicher, wohltuender Inhaltsstoffe, wie Chloride zur Heilung von Verbrennungen und zur Linderung von Gelenk- und Muskelschmerzen, Schwefel gegen Bronchitis und Bluthochdruck, Eisen bei Blutkrankheiten, Aluminium bei Dermatitis sowie Natriumbikarbonat und Alkalien, die für eine unglaublich weiche Haut sorgen.

Gibt es etwas Achtsameres, als in heißem Wasser zu baden und mit Blick auf schneebedeckte Berge, grüne Waldlichtungen oder Felder mit leuchtenden Sommerblumen zu meditieren? Während man sich im Westen erst heute intensiv mit der Work-Life-Balance beschäftigt, war Japan diesbezüglich ein Vorreiter – *onsen* sind perfekte Wellness-Retreats und für uns der absolute Himmel. Als zusätzlichen Bonus bieten die meisten *onsen* und Super-*sento* die ganze Palette exzellenter gesundheitsfördernder Wellness-Behandlungen mit Ruheräumen, Saunen, Massagen, Reflexzonenmassagen und vielem mehr.

Vorhergehende Seite: Tsuru no Yu; *rechte Seite oben links:* Hoshi Onsen Chojukan; *rechte Seite oben rechts:* Kanaldeckel in Kusatsu Onsen; *rechte Seite unten:* griffbereite *Onsen*-Schuhe

草津
湯
LOVE
LOVE

ONSEN-ETIKETTE

ONSEN-SCHNELLKURS

Ein *Onsen*-Bad gehört zu den entspannendsten und achtsamsten Erfahrungen einer Japan-Reise. Trauen Sie sich? Oft scheint es zu viel zu geben, was man sich merken muss, zu viele Regeln, zu viele Fettnäpfchen. Tatsächlich kann es aber ganz einfach sein. Also keine Angst, nehmen Sie Rücksicht auf andere und stellen Sie sich vor allem darauf ein, ein paar Fehler zu machen. Wir haben folgende Tipps für Sie:

- Ziehen Sie Ihre Schuhe aus, stellen Sie sie ins Schließfach und schlüpfen Sie in die bereitgestellten Sandalen. Die Schuhschränke befinden sich in der Regel im Gebäude vor den Umkleidekabinen des *onsen*. Möglicherweise wird eine Gebühr oder eine Kaution von 100 Yen erhoben. Verschlossen wird das Fach mit einem Schlüssel, einem passenden Holz- (in älteren *onsen*) oder Metallstift.
- Ein Angestellter weist Ihnen den Weg zum Umkleideraum des *onsen*. Er führt in der Regel durch einen *Noren*-Vorhang, der für den Frauenbereich fast immer rosa oder rot und für den Männerbereich blau ist. Der Angestellte kann Ihnen gegen eine zusätzliche Gebühr auch ein Handtuch oder ein *Onsen*-Set geben.
- Für Menschen, die transsexuell sind oder sich nicht mit den traditionellen Geschlechterrollen identifizieren, kann das Baden schwierig sein. Versuchen Sie es mit gemischten oder privaten *onsen* und informieren Sie sich diesbezüglich vorab.
- Im Umkleideraum stehen Menschen mehr oder minder be- und entkleidet herum. In das eigentliche Bad nehmen Sie nur den Waschlappen mit, mit dem Sie jetzt ein bisschen verlegen Ihren Intimbereich bedecken (das Schlüsselband für den Spind ziehen Sie über Ihr Handgelenk, nachdem Sie Ihre Sachen hineingelegt haben).
- Wer schulterlanges oder längeres Haar hat, bindet es hoch. Es gilt als unhöflich, Haare im Wasser schwimmen zu lassen.
- Im Badehaus gehen Sie zu den Waschzellen mit Duschen. Im *sento* oder *onsen* ist dies der Moment, sich hinzusetzen und sich Zeit zu nehmen. Jede Zelle ist mit einem Hocker und einem Waschgefäß ausgestattet. Spülen Sie Ihren Hocker ab und nehmen Sie Platz. Waschen Sie dann Ihren ganzen Körper mit den bereitgestellten Produkten und duschen Sie ihn anschließend gründlich ab.
- Im eigentlichen Badebereich können Sie vor einer riesigen Beckenauswahl stehen. Wo Sie anfangen, hängt von viele Faktoren ab. Wenn das Wetter warm ist, beginnen wir zum Beispiel mit den Innenbecken und enden mit den Außenbecken. Wenn wir Muskelkater haben, geht es vielleicht erst ins Sprudel- und dann in ein entspannendes Bad. Bei kaltem Wetter verbringen wir die gesamte Zeit in den Außenbecken (es gibt nichts Schöneres, als im Freien im heißen Wasser zu baden, wenn es schneit). Eine rustikale Besonderheit sind die Wannen aus Hinoki-Holz. In vielen Bädern wird die Temperatur an der Wand angezeigt. Je nach Wetter gehen Sie vielleicht im Winter nicht in das kalte oder im Sommer in die superheißen Tauchbäder.
- Auch der Geruch des Wassers kann eine Rolle spielen. Wählen Sie einen, der Ihnen gefällt, wenn es verschiedene Wasserquellen, Heil- oder saisonale Becken gibt.
- Nach dem Bad waschen Sie sich noch einmal und gehen dann in den Pflegebereich. Hier finden Sie Spiegel, häufig Föhne, Cremes, Haargummis, Wattestäbchen, Bürsten, Haaröl und bisweilen Produkte, die vor Ort aus dem *Onsen*-Wasser hergestellt werden. Je höher der Eintritt, desto üppiger ist dieser Bereich ausgestattet.

- Achten Sie auf die Flüssigkeitszufuhr. Trinken Sie immer etwas vor und nach dem Bad. Im Umkleideraum sollte es einen Trinkwasserbrunnen geben, oder Sie probieren ein kleines Joghurtgetränk, einen Kaffee oder eine Schokomilch (in oder bei den Umkleiden gibt es immer einen Automaten). Mit diesen kleinen Muntermachern können Sie sich nach dem heißen Bad erfrischen und stärken. Wir brauchen nach einem Bad immer ein solches Getränk!
- Obst ist ein großartiger Energiespender, deshalb stehen vor den *onsen* bisweilen kleine Obststände. Genau richtig sind Joghurtgetränke, grüner Tee und – für viele – ein lokales Bier. Wenn es im Badehaus einen Ruheraum gibt, sollten Sie diesen auf jeden Fall nutzen.
- Am wichtigsten ist jedoch, dass Sie sich Zeit für Ihr Bad nehmen und sich für danach nichts vornehmen – Sie werden ziemlich träge sein und später unglaublich erholsam schlafen!
- Viele *onsen* verweigern tätowierten Personen den Zutritt. Gegebenenfalls bitten Sie das Hotelpersonal oder einen Japanisch sprechenden Bekannten, vorab telefonisch im *onsen* zu erfragen, ob es Tätowierungen zulässt.

西の河原公園

521-3 Kusatsu, Agatsuma-gun, Gunma

sainokawara.com/en

Bahnhof Naganohara-Kusatsuguchi, dann mit dem Bus (30 Minuten)

SAINOKAWARA-PARK

KUSATSU ONSEN

Das Herzstück der kleinen Stadt Kusatsu Onsen, in der sich zahllose *onsen* zwischen alten Läden, Cafés und *ryokan* (traditionelle Gasthäuser) schmiegen, ist die Yubatake-Quelle, deren Wasser durch Holzbecken läuft und den Stadtplatz wie ein lebendiges Wesen bewohnt. Durch die hiesigen Gassen spazierte einst der *Haiku*-Dichter Basho – die Präfektur Gunma war eine seiner Lieblingsregionen –, und zweifellos hätte es ihm gefallen, mit einem Smartphone Fotos und *haikus* zum Lob der Yubatake hochzuladen, bevor er sich im Bad entspannte. Das Wasser fließt durch die ganze Stadt und heizt Schulen, Cafés, Häuser und eine beeindruckende Anzahl von jeweils unterschiedlichen *onsen*. Kaufen Sie sich einen Pass, der Ihnen Zugang zum Sainokawara-Park und zwei weiteren bemerkenswerten *onsen* gewährt: Otakinoyu und Gozanoyu.

Der Sainokawara-Park gehört zu unseren absoluten Lieblingsorten in Japan. Der Spaziergang zum spektakulären *rotenburo* (Außenbad), vorbei an Lichtungen, dampfenden Becken und bröckelnden, moosgeschmückten Statuen, erfüllt uns mit Spannung auf das folgende Erlebnis. Ein schlichter, rustikaler Eingang führt zu riesigen, in den Fels gehauenen, nach Geschlechtern getrennten Becken unter hohen Bergen und raschelnden Kiefern. Im warmen Wasser zurücklegen, den weiten blauen Himmel über sich sehen und die melancholischen Rufe der kreisenden Vögel hören – das ist Entspannung pur inmitten der Natur.

Im Morgengrauen kamen wir zurück, um zuzusehen, wie die Sonne langsam über den nebligen Bergen aufging. Das tiefe Blaugrün des Wassers, das dunkle Schiefergrau der Felsen und die hellen Hinoki-Holzhütten ergeben eine traumhafte Farbpalette der Natur. Das Kusatsu-Wasser wirkt wohltuend bei Verbrennungen, chronischen Verdauungskrankheiten, Schüttelfrost und Dermatitis und sorgt zudem für eine umfassenden Hautpflege. Die wohltuende Wirkung des Sainokawara-Parks auf Geist und Seele ist unermesslich.

源氏の湯

GENJI NO YU

UJI

52 Okubo-cho, Otake,
Uji, Kyoto

genji-yu.jp

Bahnhof Okubo, dann zu Fuß
(8 Minuten)

Von Kyoto aus führt ein Tagesausflug zum Genji no Yu, einem chic designten Super-*onsen*. Wenn Sie schon immer mal auf den Spuren von Murasaki Shikibus *Die Geschichte vom Prinzen Genji* wandeln wollten, sind Sie hier richtig, denn der *onsen* ist nach dem Helden des berühmten ersten japanischen Romans benannt. An jedem x-beliebigen Tag begegnen Sie hier wahrscheinlich einer Vielzahl der Romanfiguren. In das Genji no Yu kommen Familien, Paare und *Onsen*-Fans, um einen perfekten Badetag zu verbringen. Hier ist alles durchdacht, von der stylishen Fassade mit *Noren*-Vorhängen und Bambus über die moderne Lobby und das freundliche Personal bis zum *Onsen*-Set mit flauschigen Handtüchern.

In den getrennten Männer- und Frauenbereichen lindern Kohlensäurebäder mit winzigen Sprudelblasen und Kräutermedizin Stress. In das große *rotenburo* wird heißes Quellwasser aus über 1000 Meter Tiefe heraufgeleitet und mit Natrium- und Kalziumchlorid angereichert. Es soll gegen Hautkrankheiten, schmerzende Gelenke und müde Muskeln helfen. Des Weiteren gibt es hervorragende kalte Tauchbecken, auf die die Einheimischen in feuchtheißen Sommermonaten schwören, zwei Saunen (eine aus Finnland) und zwei gemütliche *tsuberu* (Ein-Personen-Bäder), wenn man lieber allein badet.

Hier können Sie einen Tag verbringen, mittags oder abends im ausgezeichneten japanisch-koreanischen Restaurant Beniya essen und nach dem Bad in der Sauerstoffkabine oder in einem der schönen modernen japanischen Chill-out-Räume entspannen. Als wir den kostenlosen Blutdruckmesser ausprobierten, kam als Ergebnis: »Sie sind sehr entspannt.«

崎の湯

SAKI NO YU

SHIRAHAMA

1668 Yusaki, Shirahama-cho, Nishimuro-gun

Bahnhof Shirahama, Bus bis Yuzaki, dann zu Fuß (15 Minuten)

Das Saki no Yu wird bereits in Texten aus dem Jahr 658 erwähnt und gilt als Japans ältestes *onsen*. Es besteht aus rustikalen Hütten am Meer und uralten Becken, die im Lauf der Zeit durch die Gezeiten aus dem Felsen gefräst wurden. In sie ergießt sich warmes Geothermalwasser und füllt sie mit Neptuns Segen. Hier gibt es keine modernen Annehmlichkeiten – alles ist pur, unkompliziert und authentisch.

Verstauen Sie Ihre Wertsachen unbedingt in einem der kleinen Schließfächer draußen, innen finden sich nur offene Holzkisten für die Kleidung und nicht viel mehr. Übergießen Sie sich mit warmem Wasser aus den bereitgestellten Gefäßen, bevor Sie in die Felsbecken steigen. Die Bäder liegen nur wenige Meter von den donnernden Meereswellen entfernt, was aufregend und faszinierend zugleich ist. Schauen Sie hinaus auf den Pazifik und sinnen Sie über die Ewigkeit nach, während die salzige Gischt der gegen die Felsen brechenden Wellen ihr Gesicht streichelt.

Das Wasser in Shirahama sprudelt zwischen zwei tektonischen Platten hervor – Sie sind hier genau auf einer Verwerfungslinie, was das Badeerlebnis noch uriger macht. Das schwefel- und salzhaltige Wasser lindert Neuralgien, chronische Haut- sowie gynäkologische Leiden und macht die Haut superweich. Michelle erzählt, dass im Frauenbad ein Becken aus Hinoki-Holz zu mehreren kleineren Bädern hinunterführte, von denen eines direkt mit dem Meer verbunden war. Steve sah einen Krebs träge vorbeischwimmen und dachte: »Kumpel, wenn du noch ein bisschen länger im Wasser bleibst, bist du perfekt gekocht.«

ラクーア

SPA LAQUA

TOKYO

1-1-1 Kasuga, Bunkyo-ku, Tokyo

laqua.jp

Bahnhof Korakuen, Ausgang 2, oder Bahnhof Suidobashi, Ausgang A5

Es mag widersprüchlich erscheinen, ein echtes *onsen*, dessen Wasser aus 1700 Meter Tiefe nach oben sprudelt, in einem Aquapark zu finden, der zu einem Sport- und Unterhaltungskomplex samt Achterbahn auf dem Dach gehört – aber das ist Tokyo. Wenn man aus dem Bahnhof kommt und sieht, wie sich die gewaltige Achterbahn Thunder Dolphin durch ein nabenloses Riesenrad schlängelt und praktisch mit dem Dach des Spa LaQua kollidiert, ist das einer der Momente, in denen das Tokyo der eigenen Fantasie (buchstäblich) schreiend real wird.

Das LaQua ist eine Erwachsenen-Angelegenheit: Kinder unter fünf Jahren haben keinen Zutritt, ältere Kinder nur in Begleitung. Die nach Geschlechtern getrennten Bäder bieten Sprudelbecken, ein 42 Grad warmes Zypressen- und ein Felsenbecken mit viel angenehmeren 38 Grad. Im Außenbereich gibt es zwei schöne *rotenburo* und ein Fußbad mit Fernseher. Das Wasser ist mit Natriumchlorid angereichert, das die Haut glättet, entspannt und steife Muskeln lockert.

Saunafans finden im Hauptbereich drei Dampfbäder, wir empfehlen jedoch, den Aufschlag für das Heilbad zu zahlen. Hier gibt es viele verschiedene, für bestimmte Länder und Epochen typische Saunen mit verschiedenen wohltuenden Wirkungen, zum Beispiel Anti-Aging oder durchblutungsfördernd.

Im großen Ruhebereich können Sie auf Sofas oder bequemen Liegesitzen ruhen und dazu Zeitschriften lesen, fernsehen oder Musik hören. Bestellen Sie Essen, Getränke und leckere Desserts, entspannen Sie sich oder machen Sie ein Nickerchen. In diesem *onsen* fühlen Sie, wie die Hektik der Stadt von Ihnen abfällt.

ACHTSAMER TIPP

Besuchen Sie nach dem Bad den nahe gelegenen schönen Garten Koishikawa Korakuen *(siehe S. 167)*.

銀山温泉

GINZAN ONSEN

OBANAZAWA

Ginzan Onsen Tourist Information

429 Ginzanshinhata, Obanazawa, Yamagata

Bahnhof Oishida, dann mit dem Bus (35 Minuten)

Ginzan Onsen (»heiße Quelle der Silbermine«) in Obanazawa ist nach der nahen Silbermine benannt, deren Geschichte rund 500 Jahre zurückreicht. Die Stadt mit dem seltenen Ortsbild aus der Taisho-Zeit (1912 –1926, ein Pendant zur Art-déco-Ära) liegt in einem Tal, in dem eine der heilkräftigsten Quellen Japans sprudelt.

Ein Aufenthalt hier ist wirklich einzigartig – vor allem im Winter, wenn die Stadt vereist, aber spektakulär ist. Bei einem Bummel auf der Hauptstraße mit reich verzierten historischen Gasthäusern, zwischen denen sich malerische Brücken über den Fluss Ginzan spannen, fühlt man sich wie auf einer Zeitreise. Wenn die Eiszapfen von den Dachrinnen hängen und der Schnee schwer auf den Dächern liegt und sich hoch am Fluss auftürmt, ist Ginzan ein märchenhaftes Winterwunderland. Spätabends durch die engen Gassen zu flanieren, wenn die Brücken und Gehwege von Gaslampen beleuchtet sind und die Gäste der *ryokan* in ihren *yukata* herumspazieren, ist ein magisches Erlebnis.

Die *onsen* befinden sich größtenteils in den *ryokan*, viele sind jedoch auch für Tagesgäste geöffnet. Für Tagesausflügler stehen drei preiswerte öffentliche Bäder zur Verfügung: das minimalistische, moderne Shiroganeyu des Architekten Kengo Kuma, das Kajikayu und das Omokageyu. Während Sie Ihre müden Füße im *warashiyu* (Fußbad) baden, können Sie das einmalige Stadtbild und die kunstvollen *Kote-e*-Reliefs bewundern, mit denen meisterhafte Stuckateure die Hausmauern schmückten.

WISSENSWERT

Fans von Kengo Kuma sollten sich das beeindru-ckende Ginzan Hot Spring Fujiya Inn ansehen, eine moderne und architektonisch ansprechende Ergänzung des Straßenbilds aus der Taisho-Periode.

蔵王温泉大露天風呂

853 Zao Onsen,
Yamagata

Bahnhof Yamagata, dann mit dem Bus nach Zao Onsen

DAIROTENBURO

ZAO ONSEN

Zao Onsen liegt zwischen den Präfekturen Yamagata und Miyagi und ist nicht nur einer der beliebtesten Skiorte Japans, sondern wartet auch mit viele geologischen Besonderheiten auf. Im Okama-Krater (»Japans Kessel«) liegt am Berg Zao ein malerischer Kratersee im Inneren eines Vulkans. Im Winter ist Zao Onsen berühmt für seine Bäume, die – über und über mit Schneeschichten überfroren – Eismonstern gleichen. Landschaft, Vegetation und Laubfärbung machen Zao Onsen zu einem idealen Ort für Naturliebhaber. Hier findet sich auch eines der schönsten *onsen* Japans.

Das im Winter wegen des Schnees geschlossene Dairotenburo ist ein malerisches Außenbad mit einer geheimnisvollen, angeblich 1900 Jahre alten Geschichte. Die schimmernd blauen Becken des *onsen* liegen in einer grünen Schlucht inmitten von Lindenhainen. In die *yukata* aus unserem *ryokan* gekleidet, Handtücher in der Hand, klapperten wir in unseren *geta* (Holzschuhen) den steilen Hang hinauf, vorsichtig, um nicht auf der Straße auszurutschen, die glitschig war von dem mineralhaltigen Thermalwasser, das aus Rohren und Abflüssen strömt. Durch den überdachten Eingang stiegen wir auf steilen Stufen balancierend hinunter und erreichten den vorderen Teil des bewaldeten *onsen*. In den großen Felsbecken sammelte sich das warme Wasser, das in Kaskaden ins Tal stürzte. Das träge Summen der Sommerinsekten und das Zwitschern der Vögel untermalten unser Bad, vermischten sich mit den Düften des Walds und dem leichten Geruch des Wassers. Es hat japanweit den höchsten Säuregehalt und sorgt mit einem pH-Wert von fast 1 für eine weiche, intensiv strahlende Haut. Es lindert zudem chronische Hautleiden, Bluthochdruck, Diabetes und Muskelschmerzen.

Die Bäder sind nach Geschlechtern getrennt, Tattoos sind erlaubt. In Zao Onsen gibt es noch drei kleinere Badehäuser. Mit dem Drei-Onsen-Pass kommen Sie zu einem ermäßigten Preis in den Genuss des erstklassigen Wassers.

ご注意
車上あらしがあります
貴重品は風呂場内
コインロッカーを
ご利用下さい。(有料100円)
管理者
蔵王温泉
大露天風呂
名湯
蔵王温泉
大露天風呂

乳頭温泉郷 鶴の湯温泉

50, Sendatsu, Tazawako, Tazawa, Senboku, Akita

tsurunoyu.com/english.html

Bahnhof Tazawako, dann mit dem Ugo-Kotsu-Bus bis Arupa Komakusa

TSURU NO YU

NYUTO ONSEN

Das in den herrlichen Bergen des Towada-Hachimantai-Nationalparks gelegene Tsuru no Yu war eine Samurai-Herberge und ist das älteste *onsen* in Nyuto aus einer Zeit, als Händler ihre Waren noch auf staubigen Wegen transportierten, sodass sie dringend ein Bad brauchten. Die Holzbauten sind von rustikaler Schönheit *(yakisugi)* und scheinen organisch aus der üppigen Vegetation hervorzuwachsen.

Hier kann man als Tagesgast baden, Bekanntschaften schließen und sich dem Geplauder anschließen, während im Wasser die Sorgen davontreiben. Wir empfehlen unbedingt, in den Holzunterkünften aus der Edo-Zeit (1603 –1867) zu übernachten. In unserem Zimmer gab es einen traditionellen *Irori*-Herd (eingebauter Kamin), auf dem das Abendessen über offenem Feuer zubereitet wurde. Den Tag verbrachten wir mit Baden, Entspannen und – in *yukata* gekleidet – Erkundungstouren auf dem Gelände. Wenn abends die Lampen angingen, war die Bergluft schwer von Blumenduft und süßem Schwefelgeruch. Als wir um 3 Uhr morgens aufwachten, nahmen wir ein Mondscheinbad und spazierten auf den verlassenen, beleuchteten Pfaden.

In dem *ryokan* führen labyrinthische Gänge zu kleinen Männer-, Frauen- und privaten Bädern. Star ist jedoch das Haupt-*onsen*. Der Stoff, aus dem Folklore gewebt wird: ein Becken mit milchigem, dampfendem schwefelhaltigem Wasser zwischen Bäumen, begrenzt von Holzhütten, hohem Schilf und Felsen. Das gemischte Bad hat getrennte Zugänge – Frauen steigen an einem großen Felsen, den im Sommer blühende Hortensien umgeben, ins Wasser. Einmal eingetaucht, schwimmen alle Sorgen davon, während das Heilwasser seine Wirkung entfaltet und von unten aufsteigende kleine Bläschen die Haut kitzeln. Wenn die Sonne hinter den nebligen Bergen versinkt oder am blutroten Morgenhimmel aufgeht, schafft sie eine stimmungsvolle Szenerie und eine unvergessliche *Onsen*-Kulisse.

法師温泉長寿館

650 Nagai, Minakami-machi, Tone-gun, Gunma

hoshi-onsen.com/english

Bahnhof Jomo-kogen, dann mit dem Bus nach Sarugakyo und anschließend mit dem Hoshi-Shuttle

HOSHI ONSEN CHOJUKAN

HOSHI ONSEN, MINAKAMI

Das versteckt im Joshin'etsukogen-Nationalpark gelegene Hoshi Onsen Chojukan ist eines der zehn »geheimen« *onsen* Japans. Das Gebäude im Rokumeikan-Stil (westlicher Stil der Meiji-Zeit) besticht durch seine dunkle Holzfassade, die im Sommer mit dem grünen Laub kontrastiert und sich im Schnee in ein Winterwunderland verwandelt. Wenn Sie *omotenashi* (Gastfreundschaft) schätzen, sind Sie hier genau richtig.

Im Inneren fühlt man sich sofort in eine einfachere, bessere Zeit zurückversetzt. Die Architektur erinnert an die alten japanischen Eisenbahnen im 19. Jahrhundert. In den verwinkelten Korridoren mit den niedrigen Decken sind verblichene Fotos und Glasvitrinen mit einer bunten Mischung aus Kuriositäten – fossile Muscheln, Shinkansen-Modelle aus den 1960ern und wunderschöne antike Fächer und Stoffe – zu sehen, allesamt Hinweise auf Hoshis faszinierende Geschichte.

Hoshi no Yu ist ein 140 Jahre altes *onsen* aus der Meiji-Zeit (1868 –1912), dessen holzgefasste Becken von einer Holzdecke überspannt werden. Durch das Licht, das durch die Sprossen der Bogenfenster einfällt, wirkt der Raum wie eine Kapelle, was passt, denn dieses *onsen* gleicht einer religiösen Erfahrung. In dem gemischten Bad führen die separaten Umkleiden für Männer und Frauen in einen zentralen Raum. Das Wasser ist eine Besonderheit: Es sprudelt aus den Spalten im Gestein und pflegt mit vielen Mineralien. Kalzium und Natriumsulfat helfen bei Verletzungen, Verbrennungen, Magen-Darm-Problemen und Arteriosklerose.

Es gibt zwar Tageskarten samt Mittagessen, doch hier zu übernachten, ist ein einmaliges Erlebnis – fantastisch ab dem Moment, in dem man die gedämpft beleuchtete Rezeption betritt, bis zur Verbeugung zum Abschied. Noch nie hat man sich so um uns gekümmert, haben wir so gut geschlafen und uns so entspannt gefühlt.

山河旅館

RYOKAN SANGA

KUROKAWA ONSEN

6961-1 Manganji, Minamioguni, Aso-gun, Kumamoto

sanga-ryokan.com/en

Bushaltestelle Kurokawa Onsen, dann mit dem Shuttle

Kurokawa Onsen im Herzen von Kyushu ist eine 300 Jahre alte *Onsen*-Ortschaft in den Bergen, die fast unberührt von der Moderne noch immer den Geist der Edo-Zeit (1603–1867) verkörpert. Entlang des Flusses Chikugo bieten hier 21 Gasthäuser ein unvergessliches *Onsen*-Erlebnis sowohl für Übernachtungs- als auch für Tagesgäste.

Das Ryokan Sanga ist ein bezauberndes Gasthaus mit einem großen Garten, in dessen Winkeln sich märchenhafte Hütten mit *onsen* verstecken, Teiche mit sanft dahingleitenden Kois plätschern und Rauch aus den Küchen aufsteigt, in denen gusseiserne Kessel tief über Zedernfeuern hängen. Nachts führen von Laternen beleuchtete Wege um die kleinen Häuser herum, die im Winter im sanften Schneefall oder im Sommer in der kühlen Nachtluft bezaubern. Das Hauptgebäude von Sanga verströmt den Charme des 20. Jahrhunderts mit vielen verwinkelten Korridoren, polierten Holzböden, geheimen Nischen sowie einer kleinen Bibliothek und einem Ruheraum mit Kamin und Kaffeebar.

Das gemischte Haupt-*onsen* Moyai no Yu umfasst rustikale Becken in einer kleinen Grotte, in der dampfendes Wasser in Kaskaden aus Rohren fließt und Felsen aus dem Wasser herausspitzen. Das Wasser ist berühmt für seine verjüngende Wirkung. Frauen haben mit dem Shiki no Yu ihr eigenes gemütliches Bad im Freien. Die zwei nach Geschlechtern getrennten Innenbäder und die drei privaten Bäder sind alle mit süßlichem schwefelhaltigem Wasser gefüllt. Falls sich Ihnen die Gelegenheit bietet, hier eine Nacht zu verbringen, werden Sie dieses Erlebnis nie vergessen.

竹瓦温泉

TAKEGAWARA ONSEN

BEPPU

16-23 Moto-machi, Beppu, Oita

Bahnhof Beppu, dann zu Fuß (15 Minuten)

Selbst in dieser Stadt mit ihren vielen kleinen und großen sowie modernen Bädern in *ryokan* oder Hotels sticht Takegawara Onsen hervor – der beeindruckende Lokalfavorit liegt versteckt in Beppus verwinkelten Hinterhöfen und Gassen. Die verschnörkelte Fassade, das wunderschön geschwungene Vordach, das Giebeldach im chinesischen Stil und das warme Licht, das durch die vergitterten Fenster fällt, werden Sie sofort in ihren Bann ziehen. Der große, malerische Eingang ist eine Mischung aus Alt und Neu und typisch für die frühe Showa-Zeit (1926 – 1989), in der das Badehaus gebaut wurde.

Die einladende Lobby besticht mit dunklem Holz und hohen Decken, auf Hochglanz polierten Holzböden, niedrigen gelben Lampen und dem stimmungsvollen Gitterdach. Das Innere des *onsen* ist rustikal mit Holzspinden und Shabby-Chic-artigen Fliesen, fleckig, gesprungen und mit Mineralsalzen bemalt – fast so, als ob die Zahl der Schichten das Alter des Badehauses verraten. Es ist behaglich und klein. Das Wasser ist heiß und stammt aus den reichlich vorhandenen geothermischen Quellen von Beppu. Dampfgespenster umwabern einen, und wenn Sie Glück haben, gibt Ihnen der selbst ernannte Herr und die selbst ernannte Herrin des Badehauses unaufgefordert Ratschläge zu Ihren Badekünsten.

Im Obergeschoss erwartet Sie ein einzigartiges Kyushu-Erlebnis. Dort können Sie sich von Mitarbeitern in einem gebuddelten Loch bis zum Hals in dunklem Sand vergraben lassen, der durch mit *Onsen*-Wasser gefüllte Rohre erwärmt wird (Sie liegen waagerecht und tragen einen Bademantel). Legen Sie sich einfach zurück und genießen Sie die Wärme, während ihr Körper von Giftstoffen befreit wird.

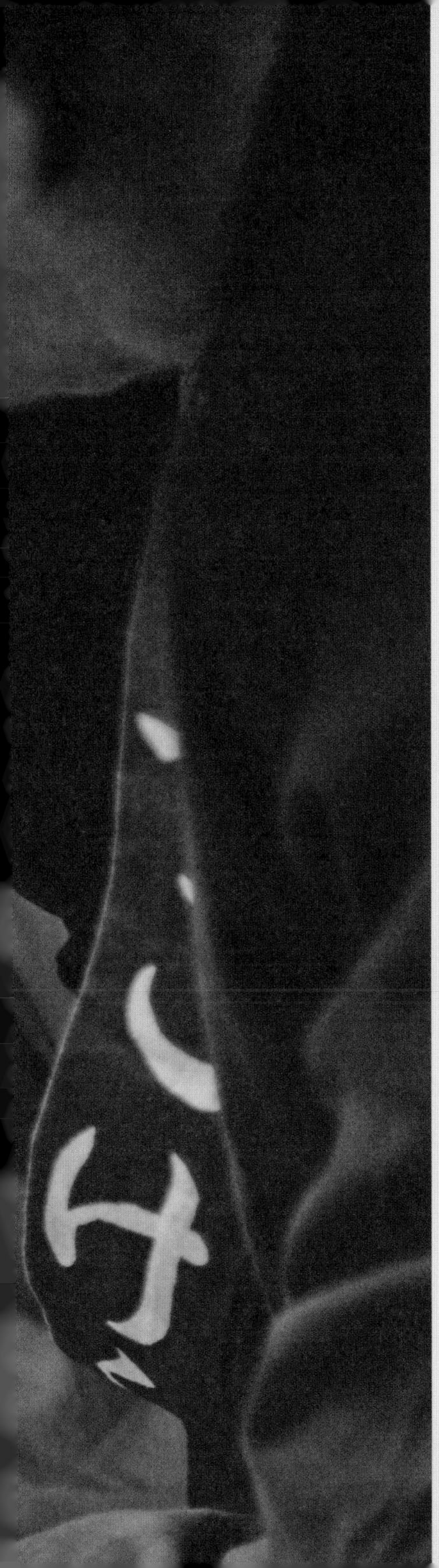

心を満たすクリエイティブな体験

Achtsame kreative Erfahrungen

Wir hegen seit Langem eine tiefe Verehrung für das japanische Kunsthandwerk. Als begeisterte Käufer von Vintage- und Produkten aus kleinen Manufakturen bewundern wir die Hingabe und das Können der lokalen Handwerker. Ein Grund, warum wir immer wieder nach Japan zurückkehren, ist unsere Freude daran, neue Präfekturen und Kleinstädte zu besuchen und deren Besonderheiten zu entdecken.

Kodowari – dieses Wort bedeutet tiefe Hingabe und zielgerichtete Umsetzung der eigenen Berufung. Japanische Kunsthandwerker machen sich dies mit ganzem Herzen zu eigen. Von Epoche zu Epoche verfeinerten Handwerksmeister im Lauf der japanischen Geschichte ihre Fertigkeiten, nahmen Ideen aus China und anderen Ländern auf, passten sie an und perfektionierten sie für eine japanische Klientel aus Kaisern und Samurai. Familien, die für ein bestimmtes Handwerk bekannt waren, gaben ihre Fertigkeiten und Geheimnisse von Generation zu Generation weiter. Kunsthandwerkliche Objekte wurden hoch geschätzt und galten als höchster Ausdruck der Fertigkeit eines Handwerkers.

Michelle hat eine besondere Vorliebe für die drei schönen Künste, die die kultivierten Frauen im alten Japan lernten: Die Kunst des *kodo* (Wertschätzung des Räucherwerks) ist der sogenannte Weg des Dufts, eine Technik, bei der man auf perfekt komponierte Düfte »hört«. *Chado*, die Kunst der Teezeremonie *(siehe S. 44)*, und Ikebana *(kado)*, der Weg der Blumen *(siehe S. 88)*, erfordern beide tiefe Konzentration, ein intensives Studium und einen demütigen Geist.

Japanisches Kunsthandwerk umfasst Eisenwaren, Keramik und Töpferei, Textildesign und -druck, *shibori* (Stofffärben), *boro* (Upcycling von Stoffen), Lackwaren, Papierherstellung, *kintsugi* (die Kunst der sichtbaren Reparatur) und Holzschnitzen. Wenn man das Atelier eines Kunsthandwerkers betritt, die Konzentration eines Töpfers beobachtet oder den geschickten Pinselstrich eines Kalligrafen bewundert, fühlt man sich sofort mit einer einfacheren Zeit verbunden und empfindet persönliche Zufriedenheit durch Kreativität.

Shodo (Kalligrafie) kam in der Asuka-Zeit (538 – 710) von China nach Japan. Die buddhistischen Tempel am Berg Koya und in Kyoto blicken auf eine lange Kalligrafie-Geschichte zurück. Ikebana begann in der Heian-Zeit (794 –1185). Sowohl in Tokyo als auch in Kyoto gibt es sehr unterschiedliche Ikebana-Schulen. Die Kunst des *kintsugi* hat ihren Ursprung in der Muromachi-Zeit (1336 –1573); das ebenfalls aus China stammende *shibori* wurde in der Edo-Zeit (1603 –1867) populär und erlangte Berühmtheit in Arimatsu, einer Stadt an der Straße von Kyoto nach Tokyo.

In unserer Zeit der Massenproduktion genießt das Kunsthandwerk nach wie vor hohes Ansehen. Für jüngere Generationen in Japan besitzen Zielgerichtetheit, Kunstfertigkeit und Einfachheit angesichts einer zunehmenden Automatisierung immer noch große Anziehungskraft. Nachhaltigkeit und die Abkehr von Einwegartikeln haben große Bedeutung. Die neuen Kunsthandwerker erfüllt tiefe Ehrfurcht gegenüber den jahrhundertealten Traditionen. Sie beziehen ihre Materialien vor Ort und verleihen ihren Objekten eine Harmonie, Ausgewogenheit und poetische Qualität, wie sie nur durch einen organischen Prozess entstehen kann.

Vorhergehende Seite: Sakurai Kokeshi; *rechte Seite oben links:* japanischer Farbenladen; *rechte Seite oben rechts und unten:* Kintsugi-Kurs bei Kuge

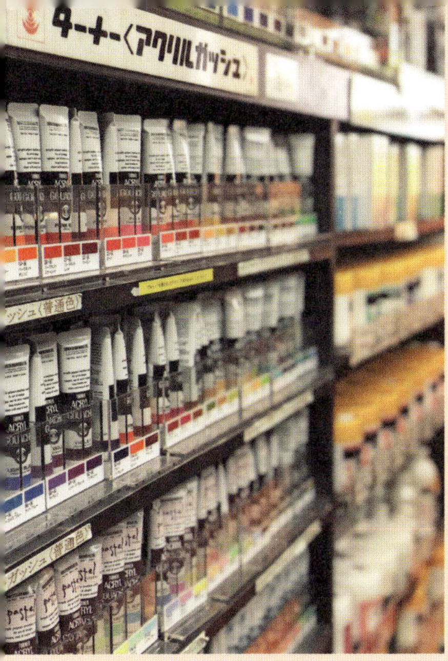
ターナー〈アクリルガッシュ〉

山田松香木店

164 Kageyukojicho,
Kamigyo-ku, Kyoto

Bahnhof Marutamachi,
Ausgang 2, dann zu Fuß
(5 Minuten)

RÄUCHERDUFTKURSE BEI YAMADA-MATSU

KYOTO

Unsere erste Reise nach Kyoto war ein Fest der Sinne. Vortreffliches Essen, buddhistische Tempelglocken und elegante Gärten. Das Räucherwerk hinterließ jedoch den stärksten Eindruck. Eine berauschende Mischung aus Holz, Blumen und Rauch weht durch die Straßen Kyotos und ruft tiefe Gefühle hervor. Ein perfekt ausgewogener Duft lässt das Herz höherschlagen, versetzt einen in eine andere Zeit oder an einen anderen Ort und erfüllt einen mit innerem Frieden.

Räucherwerk kam in der Asuka-Zeit (538 – 710) aus China, in der Heian-Zeit (794 –1185) zog es von den Tempeln bis an den Hof. *Kodo* (Weg des Dufts) entstand in der Muromachi-Zeit (1336 –1573), und in der Edo-Zeit (1603 –1867) nutzten die Samurai Räucherwerk als achtsame Übung vor dem Kampf.

Die Manufaktur Yamada-Matsu begann vor 200 Jahren, Qualitätsholz und Rohstoffe für die Herstellung von Räucherwerk zu verkaufen. Die Zutaten sind heute in dem exquisiten Laden in Schubladen und Gläsern ausgestellt. Hinter der Holzfassade mit senfgelben *Noren*-Vorhängen werden die Utensilien und Materialien zur Herstellung von Räucherwerk wie Museumsstücke präsentiert. Stilvoll verpackte Räucherstäbchen und Tütchen mit verlockenden Düften stehen zum Mitnehmen bereit, damit Urlaubserinnerungen in den Alltag hinüberwehen können.

In *Monko*-Kursen (die Kunst des Räucherdufts) lernen Sie, Räuchergefäße (kleine Keramikgefäße) zusammenzustellen, Rauch mit gewölbter Hand zu kanalisieren und dem Duft zu »lauschen«. Stellen Sie Duftsäckchen für Schubladen und als Insektenschutzmittel zusammen oder lernen Sie, wie man aus Pulver und Sirup Räucherkugeln knetet. Sie werden mit Holzkohle erhitzt, damit sich der Duft im Raum verteilt. Die etwa 50 bis 60 Minuten langen Workshops können Sie online buchen (yamadamatsu.co.jp/en). Bitte tragen Sie während der Kurse kein Parfüm.

御香司
山田松香木店
香
香木・薫香・匂香
香木山田松

京都絞り工芸館

127 Shikiamicho,
Nakagyo-ku, Kyoto

kyoto-museums.jp/en/

Bahnhof Karasuma-Oike,
dann zu Fuß (10 Minuten)

KYOTO SHIBORI MUSEUM

KYOTO

Wir sammeln seit jeher alte *Shibori*-Textilien wegen ihrer Schönheit, die durch die Farben und das flüchtige Zusammenspiel von Stoff und Farbe entsteht. Die Kunst des *shibori* wurde in der Edo-Zeit (1603 –1867) populär. Mit klassischem Indigo oder anderen Färbemitteln werden auf Seide, Hanf und Baumwolle exquisite Muster erzeugt. Dabei wird der Stoff gewickelt, gefaltet, gepresst, vernäht oder abgebunden, sodass er an bestimmten Stellen keine Farbe annimmt.

Das Kyoto Shibori Museum ist ein überraschend modernes Gebäude. Mit seiner blauen geometrischen Gestaltung verkörpert es zeitgenössische Architektur in perfekter Harmonie mit seinem Umfeld – ein Museum in einer alten Hauptstadt, das der 1300 Jahre alten Kunstform des Textilfärbens gewidmet ist.

Das Museum bietet vier Kurse an, in denen Sie in jeweils ein Objekt herstellen, das Sie tragen, lieben oder verschenken können. Ihren eigenen langen Seidenschal stellen Sie in drei halbstündigen Kursen her, die jeweils auf eine andere Färbemethode spezialisiert sind: *Itajime-shibori* (mehrfarbig gemusterte Technik), *Kyo-arashi-shibori* (Falttechnik mit einer Farbe) oder *Sekka-shibori* (einfarbige Schneekristalltechnik). In dem 60- bis 90-minütigen *Fukusa-shibori*-Meisterkurs für Fortgeschrittene lernen Sie, den Stoff zu wickeln und zu knoten und so einen quadratischen Seidenstoff mit Kyotos berühmtem Tüpfelmuster zu färben.

Während Ihre Kreation trocknet, können Sie die Dauerausstellung über das Färben im Kyoto-Stil (*Kyo-kanoko-shibori*) besuchen. Der Museumsladen am Ausgang bietet eine Fülle von *Shibori*-Produkten und -Accessoires. In einer Welt der schnellen Wegwerfmode trägt die Herstellung von *furoshiki* oder *tenagui* (nachhaltige Stoffverpackungen für Geschenke) zu einem achtsamen umweltbewussten Urlaub bei. Die Kurse können online gebucht werden (en.shibori.jp).

退蔵院

KALLIGRAFIE IM TAIZOIN-TEMPEL

KYOTO

35 Hanazono, Myoshinji-cho, Ukyo-ku, Kyoto

JR-Sagano-Linie zum Bahnhof Hanazono, dann zu Fuß (10 Minuten)

Stellen Sie sich vor, mit einem meisterhaften Pinselstrich tiefe Empfindungen und Persönlichkeit hervorzaubern, Gedanken und Ideen durch eine einfache, wunderschön umgesetzte Reihe von *kanji* ausdrücken zu können. *Shodo* (japanische Kalligrafie) wurde im 4. Jahrhundert stark von der Arbeit des chinesischen Meisters Wang Xizhi beeinflusst, wuchs aber mit der Entwicklung der japanischen Schrift zu einer eigenen Kunstform heran. Die Zen-Philosophie verlieh der Kalligrafie eine ganz neue Dimension und eine spirituelle, poetische Kraft.

Auf dem Gelände des Taizoin-Tempels wird man von einer gewissen Ruhe übermannt. Der beeindruckende Zen-Tempel von 1404 ist ein Untertempel des riesigen Myoshinji-Tempelkomplexes. Neben beeindruckenden Gebäuden verfügt er über zwei perfekt gegensätzliche Trockengärten – *Inyou no Niwa*, ein dunkler und ein heller Felsen-Trockengarten, verkörpern Dualität. Wir betrachten sie immer als das Yin des 21. Jahrhunderts im Kontrast zum Yang der Tempelgeschichte.

Spazieren Sie über das Tempelgelände, genießen Sie eine Schale Matcha und *wagashi* (japanische Süßigkeiten) im Teehaus Daikyuan und nehmen Sie dann an einem Kalligrafiekurs in einem traumhaften Winkel des Anwesens teil. Ein Zen-Mönch erklärt zuerst die Geschichte der Kalligrafie und bringt Ihnen anschließend bei, die kühnen Striche des *bokuseki* (vom Zen inspirierte Kalligrafie) zu meistern, das die *kanji* auf eine göttliche Ebene hebt. Zu dem 90-minütigen Kurs gehört auch eine Besichtigung historischer Kalligrafien im Tempel. Der Taizoin bietet zudem *Zazen*-Kurse (Meditation) und eine japanische Teestunde an. Buchen Sie online (taizoin.com) und bitten Sie unbedingt um eine Unterkunft im Tempel.

頂法寺 六角堂

IKENOBO IM ROKKAKUDO-TEMPEL

KYOTO

248 Donomae-cho, Rokkaku-dori, Higashinotoin, Nishi-iru, Nakagyo-ku, Kyoto

Bahnhof Karasuma Oike, dann zu Fuß (5 Minuten)

Ikebana ist eine der höchsten Formen der Achtsamkeitspraxis in Japan. Es verbindet die spirituellen Lehren des Buddhismus mit der sorgfältigen Anordnung von Knospe, Zweig und Stiel. Die philosophische Grundlage entwickelte vor über 550 Jahren Senno Ikenobo. Im Gegensatz zum westlichen Blumenarrangieren ist Ikebana eine Meditation über Form. Ziel ist es, die innere Schönheit und den Geist der Blume und so die Fragilität der Natur in einem edlen Tableau darzustellen.

Die Wiege des Ikebana ist der 1400 Jahre alte stimmungsvolle Rokkakudo. Der in einer Seitenstraße gelegene Tempel ist mit Bäumen in Trauerform und beschnittenen Kiefern bestanden, und während *hanami* bilden die rosa Blüten der perfekt platzierten Kirschbäume ein lebendes Ikebana-Arrangement.

Von den Meistern des Ikenobo, der ältesten und größten Schule des Ikebana, den sanften Weg der Blumen zu lernen, war der Höhepunkt unserer ersten Reise nach Kyoto. In einem zweistündigen Kurs können angehende Kunsthandwerker ihre eigenen Zweige und Blüten arrangieren. Am Ende der Stunde wandelt Ihr *sensei* (Lehrer) durch den Raum und nimmt eine kleine Korrektur an einem Zweig oder einem Blatt vor, bis Ihr Arrangement plötzlich zum Leben erwacht. Der Unterricht endet mit Tee und *wagashi*. Die Kurse finden donnerstags von 13:30 bis 15:30 Uhr statt. Schlichte körperbedeckende Kleidung ist erwünscht.

Erkundigen Sie sich nach der Tempeltour (auf Englisch), wann Sie Ihren Kurs online (ikenobo.jp/english) buchen können. Im Laden sind Ikebana-Werkzeuge erhältlich, um zu Hause weiterzulernen. Wenn wir zu Hause das Räucherwerk von Rokkakudo anzünden, fühlen wir uns sofort an diesen magischen Ort zurückversetzt.

越前和紙の里

8-44 Shinzaike-cho,
Echizen, Fukui

echizenwashi.jp

Bahnhof Takefu, dann mit dem Bus bis Washi no Sato (20 Minuten)

ECHIZEN WASHI

FUKUI

Jünger der Papierfaltkunst, eifrige Tagebuch- und Briefschreiber und Aquarellfans aufgepasst – hier finden Sie das Papierparadies. Das von Bergen und Wäldern umgebene malerische Washi no Sato mit seinen prachtvollen Bäumen, Wasserläufen und seiner historischen Architektur ist ein unabdingbarer Wallfahrtsort für Liebhaber der analogen Korrespondenz. Möglicherweise möchten Sie hier sogar übernachten, um die Ortschaft in aller Ruhe zu erkunden.

Am besten besuchen Sie als Erstes das Udatsu Papier- und Handwerksmuseum in einem Papiermacherhaus aus dem Jahr 1748. Es präsentiert in einer umfangreichen Ausstellung *Washi*-Papier, das in den 67 Papiermühlen des Dorfs hergestellt wurde. Buchen Sie zwei Wochen vorab online (echizenwashi.jp) Plätze in einem der Kurse zur traditionellen Papierherstellung, lernen Sie ein wenig über *hosho* (Geschenkpapier), *gasenshi* (Kalligrafiepapier), *kyokushi* (Aquarellpapier und Postkarten) und andere spezielle Papierformen.

Besuchen Sie auch unbedingt die Werkstatt der Familie Iwano, die in neunter Generation Papier produziert und deshalb als »Lebender Nationalschatz« ausgezeichnet wurde. Ihre Spezialität ist in einem jahrhundertealten Verfahren hergestelltes Papier aus dem Bast der Papiermaulbeere *(kozo)*. Es ist faszinierend, die Kunstfertigkeit der Familie in Aktion zu sehen.

Wir verbrachten einen vergnüglichen Tag damit, durch die Straßen zu schlendern, Handwerksbetriebe zu besuchen und den Meistern bei der Arbeit zuzusehen. Michelle versuchte, ihr Papierbudget nicht zu überziehen, während sie von ihrem nächsten Papierprojekt träumte. Bringen Sie Ihre eigene Stofftasche mit, um Ihre Einkäufe zu verstauen. Der Kauf von Kunsthandwerk unterstützt lokale Unternehmen und passt zu einem nachhaltigen und achtsamen Urlaub.

ACHTSAMER TIPP

Folgen Sie dem Feldweg zu einem Wald, der in gedämpftes Licht getaucht ist und in dem die Geräusche der Natur zu hören sind, und machen Sie dort im rustikalen Okamoto-Otaki-Schrein der Papiergöttin Kawakami Gozen Ihre Aufwartung.

たくみの里

847 Sukawa, Minakami-machi, Tone-gun, Gunma

Bahnhof Jomokogen, dann mit dem Numata-Sarugakyo-Bus (20 Minuten)

TAKUMI NO SATO

TAKUMI NO SATO, MINAKAMI

Stellen Sie sich doch einmal bildlich einen Dorfalltag vor. Das Echo von Hammerschlägen, das Klacken des Webstuhls, das träge Summen der Insekten im Sommer und das freudige Schreien der Kinder, die sich im Winter mit Schneebällen bewerfen. Takumi no Sato verkörpert einen solchen Ort. Das Dorf ist mit seiner Vielzahl von Kunsthandwerkern und Manufakturen ein Refugium für alle, die immer noch nach dem Ideal leben, dass nur Handgefertigtes mit Liebe gemacht wurde. Umarmt von den verschlafenen Bergen Minakamis liegen die hiesigen Werkstätten verstreut zwischen Apfelplantagen und Reisfeldern.

Von unserer Freundin Yuko, die um Michelles tiefe Liebe zum Handwerk wusste, erfuhren wir von Takumi no Sato. Hier schlenderten wir von Werkstatt zu Werkstatt und nahmen an Kursen teil, die meist etwa eine Stunde dauern. Das umfangreiche Angebot umfasst die Herstellung von *zori* (gewebte Strohsandalen), Bambusweben, das Färben mit Indigo sowie die Herstellung von Kerzen und *washi* (traditionelles Papier). Man kann sogar Soba-Nudeln falten, rollen und schneiden (und sie natürlich auch essen). Wir waren Zaungast bei einem einheimischen Töpfer, der an der Drehscheibe arbeitete, und sahen zu, wie auf einem Webstuhl Seide gewebt wurde. Steve versuchte sich in der Herstellung eines persönlichen Stempels, während Michelle einen Fächer bemalte und drei Paar rustikale *zori* für sich und als Geschenke für ihre Lieben kaufte.

Später kehrten wir im Shiki no Ie (Haus der vier Jahreszeiten) ein, einem Restaurant aus der Edo-Zeit (1603 –1867), das sich auf Soba mit Wildpflanzen spezialisiert hat, und sahen draußen im Dunkeln den Glühwürmchen beim Tanzen zu – der perfekte Abschluss eines Tages, an dem wir traditionellen Dorfalltag erlebten.

古民家古木

3288-6 Mashiko, Mashiko-machi, Haga-gun, Tochigi

Kanto Yakimono Liner (»Pottery Bus«) ab Bahnhof Akihabara (3 Stunden) oder Kanto-Bus von Utsunomiya Richtung Mashiko (50 Minuten) bis Haltestelle Sankokan-mae, dann zu Fuß (5 Minuten)

MINSHUKU FURUKI

MASHIKO

Die rustikale Pension Minshuku Furuki ist mit Keramikbrennöfen und -kursen eine ländliche Oase für angehende Töpfer. Mashiko, in drei Stunden mit dem »Pottery Bus« von Tokyo aus erreichbar, ist eine der renommiertesten Töpferstädte Japans. Rohstoff für die traditionelle Keramik *Mashiko-yaki* ist die reichlich vorhandene kieselsäure- und eisenhaltige lokale Erde, die blasseste Neutral-, Ton- und Kreide- sowie tiefdunkle Schlamm- und Holzkohletöne hervorbringt. Die Glasurfarben reichen von Steinweiß über Kaki bis hin zu Tiefblau und Schwarz. Die unverwechselbare *Mashiko*-Keramik geht auf das 8. Jahrhundert zurück, wurde jedoch erst 1930 durch die zeitgenössischen Arbeiten Shoji Hamadas, eines führenden Vertreters der *mingei* (Volkskunstbewegung), berühmt.

Mayu und Issei Furuki betreiben ihr *minshuku* (Pension) samt Brennofen in einem 300 Jahre alten Bauernhaus, in dem Ihre Kreativität bei Vogelgezwitscher erwacht. Wir lieben die rustikalen Zimmer, das gemeinsame Kochen und die Lounge-Bereiche, in denen man zusammenkommt und Form und Textur der eigenen Kreationen bespricht. Die kleinen, englischsprachigen Kurse dauern 90 Minuten, drei Stunden (vormittags oder nachmittags) oder einen Tag und finden in der Scheune statt. Dort formen Kreativnovizen an Töpferscheiben den Ton, bevor sie eine Glasur auswählen.

Erkunden Sie auf kostenlosen Leihrädern die Stadt, die Töpfereien, die *noborigama* (Hangöfen) und das Shoji Hamada Museum. Sehen Sie Keramikern zu, wie sie ihre Werke formen und in einem der 300 Öfen der Stadt brennen. Wer nicht genug Zeit zum Brennen hat, kann sich seine Kreationen sogar nach Hause nachschicken lassen!

桜井こけし店

Yumoto 26, Naruko Onsen, Osaki, Miyagi

en.sakuraikokeshiten.com

Bahnhof Naruko Onsen, dann zu Fuß (3 Minuten)

SAKURAI KOKESHI

NARUKO ONSEN

Michelle sammelt seit Jahren auf Vintage-Märkten in Japan *Kokeshi*-Puppen – immer auf der Suche nach dem perfekten handgemalten Gesicht und kunstvoll gemusterten Körper. Ihre Freundin Makiko, die in der Region Tohoku lebt, riet ihr zu einer Reise nach Naruko Onsen in der Präfektur Miyagi. Hier wurden der örtlichen Legende zufolge in der Edo-Zeit (1603 –1867) die *kokeshi* erfunden. In Nakuro Onsen gibt es sogar Briefkästen, Telefonzellen und Kanaldeckel mit *Kokeshi*-Motiven sowie ein *Kokeshi*-Museum.

Kokeshi sind abstrahierte menschliche Figuren mit rundem Kopf auf einem zylindrischen Körper. Das Sammeln des Holzes, das Trocknen, Drechseln und anschließende Bemalen von Gesicht und Körper ist eine hohe Kunst und erfordert jahrelanges Üben. In einer Welt, in der Spielzeug in Massenproduktion hergestellt wird, sind diese einzigartigen, lokal gefertigten Puppen ein perfektes achtsames Geschenk.

Als älteste der 20 Herstellerfamilien in Naruko Onsen fertigen die Sakurai seit dem späten 19. Jahrhundert *kokeshi* an. Akihiro Sakurai, ein mehrfach ausgezeichneter Kunsthandwerker in fünfter Generation, führt die Familientradition fort und stellt zudem Puppen in seinem eigenen Stil her. In dem schönen Laden aus der Edo-Zeit quellen die Regale und Tische über von Puppen in allen Größen, Farben und Formen. Besonders gefielen uns die einzigartigen *Fluoro*-Puppen.

Ihr Fachwissen geben die Sakurai in Kursen im *Kokeshi*-Bemalen weiter. Diese kann man über die englischsprachige Website oder vor Ort buchen (an den Wochenenden ist viel los). Man braucht eine halbe bis eine Stunde, um sein Meisterwerk zu vollenden und einer Puppe in Tohoku-Form (wir empfehlen diesen Stil), einem *Kokeshi*-Stiftständer oder Gruß-*kokeshi* eine eigene Persönlichkeit, Farbgebung und Stimmung zu verleihen.

桜井こけし店
sakuraikokeshiten.com
絵付体験
鳴子こけしを描いてみよう!

手仕事屋久家

KINTSUGI IM ATELIER KUGE

TOKYO

1-34-10 Narita-higashi, Suginami-ku, Tokyo

Bahnhof Shin-koenji, Ausgang 1, dann zu Fuß (8 Minuten)

Versteckt in einer Seitenstraßen in Tokyos Stadtteil Koenji beschäftigt sich das Atelier Kuge mit kaputten Dingen und der Schönheit sichtbarer Makel. In einer Gegend, die für ihre Vintage-Mode und entspannte Atmosphäre bekannt ist, lehrt Kuge die Kunst der sichtbaren Reparatur von Keramik und Porzellan. Im Gegensatz zu vielen westlichen Wertvorstellungen zelebriert es das Reparieren eines Gegenstands, anstatt ihn wegzuwerfen, und verkörpert so die Prinzipien des *wabi-sabi*, der Akzeptanz von Unvollkommenheit, und des *mottainai*, des Bedauerns über Verschwendung – das Äquivalent zum nachhaltigen Reparieren.

Wir nahmen an einem Workshop mit unserer Freundin Hiki teil, die uns mit diesem *Kintsugi*-Schnellkurs bei Yoshiichiro Sensei und Yoshiko Sensei überraschte, die seit über 35 Jahren unterrichten und uns mit Tee und Süßigkeiten begrüßten. Hiki brachte einen geliebten Teller mit, der zerbrochen war, und wir suchten uns Schalen und Tassen mit kleinen Macken aus. Dann verliehen wir den beschädigten Teilen ein neues Leben, indem wir zuerst (ungiftiges) Epoxidharz in die Bruchstelle gossen und es aushärten ließen. Danach feilten wir sie glatt, bemalten sie mit Lack und streuten Gold-Metallpulver darauf.

Die sichtbare Reparatur verleiht einem kaputten Objekt melancholische Schönheit – eine faszinierende Metapher dafür, dass durch das Hervorheben eines Schadens seine Geschichte gezeigt und ihm eine neue Bedeutung verliehen wird.

Kuge-Kurse dauern zweieinhalb Stunden und sind englischsprachig. Buchen Sie online (teshigotoya-kuge.com) im Voraus.

TEMARI-WORKSHOP BEI TAKAGI

MATSUMOTO

信州土産店たかぎ

3-5-12 Ote, Matsumoto

Bahnhof Matsumoto, dann Town Sneaker Bus (10 Minuten)

Die Stadt Matsumoto pflegt eine enge Verbundenheit mit dem Kunsthandwerk. Hier findet jedes Jahr Ende Mai mit der Crafts Fair Matsumoto die größte Kunsthandwerksmesse des Landes statt. Die Läden in den historischen Straßen sind auf verschiedene Kunsthandwerke spezialisiert wie Lack- und Bambusarbeiten, Holzschnitzerei, Sake und Miso sowie farbenfrohe *Temari*-Bälle.

Der Legende zufolge fertigte die Frau eines Adligen aus Matsumoto vor über 200 Jahren den ersten *Temari*-Ball an. Ursprünglich ein Kinderspielzeug, ist der fest mit Seidengarn umwickelte *temari* inzwischen zu einem Talisman für Frieden und Harmonie geworden, der oft von der Braut an die Familie ihres Bräutigams verschenkt wird.

Bei den *Temari*-Workshops von Takagi können Sie Teil dieser Geschichte werden. In dem alten Souvenir- und Andenkenladen werden seit 1878 *temari* hergestellt und verkauft. In den dreistündigen Workshops werden Sie durch den komplizierten Prozess der Fadenauswahl, der Ausarbeitung der Geometrie und der Farben sowie des Entwurfs Ihres Designs geführt. Buchen Sie Ihren Workshop eine Woche im Voraus (bitten Sie eine Japanisch sprechende Person anzurufen, Tel. +81-263-32-5337).

Sie können auch ein kühles Getränk bei Beer Happy auf der Dachterrasse genießen (Apr – Sep) – allerdings besser erst nach dem Kurs, damit das Muster Ihrer *temari* nicht schief wird! Nehmen Sie sich auf jeden Fall Zeit, um die Seitensträßchen der Stadt zu erkunden.

WISSENSWERT

Die *Temari*-Bälle sind so eng mit der Geschichte der Stadt verbunden, dass sie auch auf den Kanaldeckeln abgebildet sind.

京都のうまいもん
生麩
京豆腐
日本酒
美人姉妹
酔鯨
徳次郎
おすすめ日本酒
甘いもん
肉のおかず
一品もん
サラダ
ワイン
白
赤
中々
金黒

心を満たす食事

Achtsam essen

Einer der Gründe, warum wir nach Japan reisen, ist zweifellos das Essen. Raffiniert und doch schlicht, gesund und überlegt – die japanische Küche ist komplex in ihrer Einfachheit. Der Begriff Achtsamkeit könnte für die Küche des Landes nicht passender sein. Alles, was Sie essen, ist unglaublich präsent. Die Schönheit der Speisen steht im Einklang mit ihren gesunden und vielfältigen Zutaten. Jedes delikate Gericht oder jede bis zum Rand gefüllte Schale wurde mit Blick auf Geschmack, Nährwert und Präsentation zusammengestellt.

Bei unseren kulinarischen Reisen haben wir das Übliche weit hinter uns gelassen. Probieren Sie alles – regionale, saisonale Spezialitäten, *Shojin-ryori*-Tempelfestmahle oder *Kaiseki-ryori*-Bankette, kreative Verwendungen von Grundnahrungsmitteln wie Reis, Nudeln und Brühen, Craft Beer und Sake – um schnell festzustellen, dass Auswahl und Qualität wirklich beeindruckend sind. Als Designerin liebt Michelle *wagashi*, delikate Süßigkeiten, die je nach Jahreszeit aromatisiert und in Gebilde geformt werden, die an Pflanzen, Tiere und abstrakte Kunstwerke erinnern. Steve liebt es, auf Lebensmittelmärkten zu essen und mit einem traditionellen japanischen Frühstück den Tag zu beginnen.

Die japanische Küche kann eine der gesündesten der Welt sein. Der Ausdruck »*Hara Hachi Bu*« besagt, dass man nur so viel essen soll, bis man zu 80 Prozent gesättigt ist – eine interessante Philosophie, die sicherstellt, dass der Körper nur das aufnimmt, was er braucht. Bento-Boxen und kleine Teller bewirken, dass das Essen ganz selbstverständlich portioniert ist. Die auf Fisch und Reis basierende Küche ermöglicht eine nahrhafte und vitaminreiche Ernährung.

Japaner verstehen es, selbst einfachsten Speisen einen besonderen Charakter zu verleihen. Ob Sie in einem gehobenen Sushi-Restaurant delikate Häppchen à la carte probieren oder in einem *ryokan* an einem *Kaiseki-ryori*-Bankett teilnehmen, im Zug eine Bento-Box oder inmitten von schlürfenden Angestellten in einer Stehbar schmackhafte Ramen verzehren – egal, was und wo Sie essen, es wird einen bleibenden kulinarischen Eindruck hinterlassen.

DIE FÜNF FARBEN DER JAPANISCHEN KÜCHE

Die Farben der Natur gehören zur Kernphilosophie der japanischen Küche. Wer sich an die Farbpalette der Natur hält, isst ausgewogene Mahlzeiten, die Gesundheit und Wohlbefinden fördern. Rustikale Keramik- sowie Lackwaren bringen die Schönheit der Farben und Texturen der Speisen zusätzlich zur Geltung. Der Jahreszeit entsprechend fröhlich gefärbte Speisen sind bei Festen und zu besonderen Anlässen beliebt. Während *hanami* ist zum Beispiel von Süßigkeiten bis zum Bier fast alles rosa gefärbt!

Vorhergehende Seite: Auslage mit Gemüse in Kyoto; *rechte Seite oben links:* eingepackte, frisch zubereitete Bento-Boxen; *rechte Seite oben rechts:* Stand in der Taiyaki-dori; *rechte Seite unten:* Aomori-Äpfel

地鶏めし
彩りさわやか
¥870
じどり
地鶏めし　870円
地鶏の胸肉の照り

りんごセット
3000
サンふじ
王林
世界一
北斗
金星
星の金貨
黄金
こがね
ふじ
ぐんま
大紅栄
インドりんご
栄黄雅

大極殿六角店 栖園

120 Horinoe-cho,
Rokkaku-dori,
Nakagyo-ku, Kyoto

Bahnhof Karasuma Oike,
Ausgang 5, dann zu Fuß
(5 Minuten)

DAIGOKUDEN HONPO

KYOTO

Im 1885 eröffneten Laden Daigokuden Honpo kaufen Einheimische Süßigkeiten für besondere Anlässe. Wann immer wir in der Rokkaku-dori spazieren gingen, bewunderten wir das Gebäude. Es ist klassisch im Stil der traditionellen Kyotoer Architektur gehalten mit *koshi* (Holzlamellenfenstern), die warmes Licht verbreiten, einem kunstvollen *mushiko* (»Insektenkäfig«), der sich über die gesamte Fassade erstreckt, und je nach Jahreszeit in unterschiedlichen Farben und Designs gestalteten *Noren*-Vorhängen.

Die antiken Schränke im Inneren sind mit kleinen Köstlichkeiten gefüllt, darunter ein umfangreiches Sortiment an *higashi* (süße Kuchen), die in *kashigata* (traditionelle Süßigkeitenformen) gepresst und in bunten, saisonalen und symbolischen Formen für Veranstaltungen, Teezeremonien und Schreinopfer verwendet werden. Hübsch verpackt, sind sie das perfekte Mitbringsel für Freunde.

Das Teelokal Seien im Laden ist berühmt für sein *kohaku nagashi*, ein Agar-Agar-Gelee mit Fruchtsirup der Saison, dessen Geschmack monatlich wechselt (was sich in den wechselnden *Noren*-Vorhängen widerspiegelt). Wir probierten Amazake-Sirup im März, Pflaumenlikör im Juni, Kastanie im Oktober und Kakipflaume im November. Sencha und Matcha werden auch mit *zenzai* serviert, einer warmen Rote-Bohnen-Suppe, in der kleine *mochi* (süße Reiskuchen) wie Inseln schwimmen. Sie können über die kunstvolle Kreation Ihrer Süßigkeiten meditieren, während Sie den anmutigen Garten des Teelokals mit Goldfischgläsern, kleinen Steingärten und leuchtend grünem Moos betrachten.

Auf einer Reise mit Freunden wollte Michelle dort Tee trinken und Süßigkeiten essen, doch der Laden war an diesem Tag geschlossen. Als die Besitzerin, die gerade draußen fegte, ihre Enttäuschung bemerkte, ging sie prompt in den Laden und schenkte ihnen ein paar Süßigkeiten zum Probieren.

古都の印象菓
大極殿
花背
甘味処
栖園
大極殿

ひろ文

8-7 Kurama Kibune-cho, Sakyo-ku, Kyoto

Bahnhof Kibune-guchi, dann zu Fuß oder mit dem Taxi (5 Minuten)

KAWADOKO IM HIROBUN

KIBUNE

Die malerische Stadt Kibune im Norden Kyotos schmiegt sich zwischen dicht bewaldete Berge, die nach frischem Zedernholz duften und von Vogelgezwitscher erfüllt sind. Läden, die Schmuck und Souvenirs verkaufen, säumen die Straßen, und Tagesausflügler schlecken Softeis, während sie vor dem *onsen* von Kibune dem moosbedeckten Wasserrad zusehen, das hypnotisierend seine Runden dreht.

Wenn im Frühsommer die Hitze einsetzt, stellen die Lokale entlang des Flusses Plattformen für ein unvergessliches *kawadoko* auf – speisen im Freien. Im Hirobun können Sie so köstliche *Kaiseki-ryori*-Bankette in der frischen Bergluft genießen. Wir saßen unter einem mit Laternen geschmückten Bambusdach im Schneidersitz auf *zabuton* (Bodenkissen), umgeben von roten Sonnenschirmen. Auf der über dem Wasser schwebenden Plattform spürten wir die Gischt der Wasserfälle auf der Haut und lauschten dem Rauschen des Flusses unter uns.

In zweistöckigen Lack-Bento-Boxen wurden viele kleine Köstlichkeiten serviert, darunter gebratener Ayu (Edelfisch) am Spieß. Wir aßen eine Reihe von köstlichen Berggemüsegerichten, Sashimi, Reis und Pickles. Zum Mittagessen gehörte ein lustiger Nagashi-Somen-Gang, bei dem Soba-Nudeln in Wasser durch Bambusrohre schwimmen und zum Essen mit Stäbchen aufgesammelt werden.

Kawadoko wird normalerweise von Mai bis September angeboten, ist aber von den Launen des Wetters abhängig. Die verschiedenen Restaurants haben sich auf jeweils bestimmte Gerichte spezialisiert, liegen an unterschiedlichen Flusslandschaften und besitzen jeweils andere bunte Laternen, die, wenn sie abends leuchten, für ein sehr romantisches Erlebnis sorgen. Reservieren Sie für das Abendessen im Voraus online (hirobun.co.jp), mittags können Sie einfach vorbeischauen (kommen Sie früh, sonst müssen Sie Schlange stehen). Beachten Sie auch, dass nur Bargeld akzeptiert wird.

陶泉 御所坊

TOCEN GOSHOBO

ARIMA ONSEN

858 Arima-cho,
Kita-ku, Kobe

Bahnhof Arima Onsen,
dann zu Fuß (5 Minuten)

Die über 1000 Jahre alte Stadt Arima Onsen rühmt sich voller Stolz, einer der ältesten *Onsen*-Badeorte Japans zu sein. Die hügelige Ortschaft liegt weniger als eine Stunde von Kyoto entfernt und kann gut zu Fuß erkundet werden. Hier gibt es Quellen, dampfende Brunnen, Rohre und Abflüsse, aus denen das goldene, eisenhaltige Wasser der Region sprudelt und schwelt.

Das 1191 gegründete Tocen Goshobo, das heute in 16. Generation geführt wird, ist ein uralter Ort der tiefen spirituellen Kontemplation, den schon Samurai, Schriftsteller, Dichter und Kunsthandwerker besuchten. Das gehobene *ryokan* bietet ein Paket mit Mittagessen, Bademöglichkeiten und einem Tagesraum an. Als wir uns über das Essen informierten, fiel uns das aufwendig gestaltete Logo auf, und wir stellten fest, dass hier alles mit der gleichen Liebe zum Detail zubereitet wird. Als Weihnachtsgeschenk für uns selbst buchten wir ein Mittagessen für den zweiten Weihnachtsfeiertag und bestellten unser Essen vorab online.

Das Tocen Goshobo datiert aus der Kamakura-Zeit (1192–1333), als die *Kaiseki*-Küche gerade aufkam. Es präsentiert eine Vielzahl verlockender kleiner Gerichte, die dem Status des Gasthauses als Urlaubsziel für Fürsten und Kaiser gerecht werden. Hier schwebt unfassbar fehlerloses Personal in Kimonos in exquisite Zimmer und präsentiert Köstlichkeiten in Schmuckkästchen mit raffiniertem Geschirr. Entspannen Sie sich im Salon und in der Bibliothek oder machen Sie es sich an der Bar bequem, wo der beste Sake der Region serviert wird. Zum Mittagessen wählte Michelle die handgeschnittenen Soba-Nudeln mit Tempura und Steve das Kobe-Rindsragout. Zu beiden Gerichten gab es eine Reihe von Beilagen, die die reiche Fülle der Berge und des Meeres widerspiegelten.

Nach dem Essen können Sie Tocen Goshobos *onsen* genießen. Die Trennwand zwischen den nach Geschlechtern getrennten Felsbecken mit dem berühmten Wasser von Arima wird gegen Ende der Becken immer niedriger, sodass man sich schließlich in einem gemischten Bad wiederfindet. So können Sie sich aussuchen, ob Sie sich zurückziehen oder über die Wand hinweg unterhalten wollen. Buchen Sie online (goshoboh.com) im Voraus.

WISSENSWERT

Literaturfans aufgepasst: Tocen Goshobo war ein Lieblingsort von Jun'ichiro Tanizaki (1886–1965), Verfassers von *Lob des Schattens*.

スターダスト

STARDUST

KYOTO

41 Shichi-ku, Shimotakedono-cho, Kita-ku, Kyoto

Bahnhof Kitaoji, dann zu Fuß (30 Minuten)

Spazieren Sie durch Kyotos schönen Norden, wo die Einheimischen ihrem Alltag nachgehen und sich in den engen Gassen kleine Manufakturen und Tante-Emma-Läden drängen. Hier entdecken Sie ein gemächliches Kyoto weit abseits des geschäftigen Stadtzentrums und der überfüllten Tempel.

Im Stardust vergeht die Zeit auf besondere Weise. Es ist eine Mischung aus einem eleganten Café und einem Laden für schöne Dinge. Die Natur verschönert den dunklen, atmosphärischen Raum, in dem Mooskugeln den Beton zieren und sich grüne Ranken hinein- und hinausschlängeln. Flora und Fauna, Messing, Kristalle und Kerzenhalter werden auf unterschiedlichen Holztischen präsentiert. Die bereits erwähnten »schönen Dinge« sind kunstvoll zusammengestellte Kleidung, Keramik, Textilien und Schmuck sowie die luftig-elegante Designermode von Cosmic Wonder. Bücher, Kaffeebohnen und vieles mehr sind fachmännisch mit Sinn für herausragende Qualität ausgewählt.

Das saisonale vegane Mittagessen gibt es nur in begrenzten Mengen, daher sollte man vorab online reservieren (stardustkyoto.com). Bio-Gemüse und -Getreide sind die Hauptdarsteller des wechselnden herzhaften Menüs, jedes Gericht wird mit Bedacht und größter Sorgfalt zubereitet. Trinken Sie zu Ihrem Mittagessen Bio-Wein oder einen witzig präsentierten Fruchtsaft der Saison. Unser Lieblingsgang ist das saisonale »rohe« Dessert, das auf exquisiten Tellern wie ein kleines, mit einem Hauch Natur verziertes Kunstwerk präsentiert wird. Genießen Sie es, während die reizende Gastgeberin Kana in den Raum hinein- und wieder hinausschwebt und dabei universelle Energie verströmt.

豆腐料理 空野 南船場店

TOFU RYORI SORANO MINAMISEMBA

OSAKA

4-5-6 Minamikyuhoji-machi, Vertex Hommachi Building B1F, Chuo, Osaka

Bahnhof Hommachi, dann zu Fuß (10 Minuten)

Eines unserer Lieblingsrestaurants liegt im Untergeschoss eines architektonisch interessant gestalteten Gebäudes in Osakas schickem Vorort Minamisemba. Es ist minimalistisch und doch behaglich, eine Designhöhle aus hellem Holz und strahlend weißen Wänden mit einer hohen gewölbten Decke. Egal, ob man an der Bar sitzt und in die hektische Küche blickt oder sich in eine der gemütlichen, durch kreative Wandschirme abgetrennten Nischen zurückzieht: Die Atmosphäre, das gedämpfte Licht und das Gemurmel der Menge sind entspannend.

Hier werden hochwertige Sojabohnen aus Hokkaido zu faszinierenden, köstlichen Gerichten verarbeitet. Dank seiner Tofu-Kreativität ist Tofu Ryori Sorano perfekt für einen vegetarischen Abend. Das bei stilbewussten Einheimischen beliebte Lokal bietet ein gutes Preis-Leistungs-Verhältnis für einen unvergesslichen Besuch.

Hier gibt es feine Vorspeisen wie Avocado- oder Sesam-Tofu. Der Clou ist jedoch der Tofu, der vor Ihren Augen am Tisch entsteht. In einem schönen Behälter wird der Quark über einem Steintopf erhitzt, bis er sich langsam verwandelt – frischer als selbst gemacht kann man Tofu nicht bekommen. Heben Sie ihn mit dem Holzspatel heraus und beträufeln Sie ihn dann mit Sojasoße … selbst erklärte Tofu-Gegner würden bekehrt werden. Dazu schmecken Tofu- oder Yuzu-Cocktails. Für Nicht-Vegetarier gibt es zudem hervorragende Fisch- und Fleischgerichte.

Lassen Sie unbedingt noch Platz für die delikaten Desserts. Steves Favorit ist das Tofu-Tiramisu und Michelles der Tofu-Käsekuchen (leider enthält beides Milch). Tofu Ryori Sorano ist eine kleine Oase der Ruhe im lauten, chaotischen Osaka.

ひょうたん温泉

HYOTAN ONSEN

BEPPU

159-2 Kannawa,
Beppu, Oita

hyotan-onsen.com

Bahnhof Beppu, dann mit dem Bus (25 Minuten)

Die Insel Kyushu ist berühmt für warmes Klima, herzliche Gastfreundschaft und heißes Quellwasser. Hier steigt der heiße Dampf der Thermalquellen aus dem Untergrund auf, und es wäre eine Verschwendung, nicht damit zu kochen.

Das Super-*onsen* Hyotan besitzt im Innenhof ein *jigoku-mushi*, eine rustikale Dampfküche, in der Nudeln, Eier, Meeresfrüchte, Hühnchen und Tofuplatten serviert werden – alles frische Produkte aus Oita, die Sie selbst in Bambuskörben auf Steinherden garen können. Die Meeresfrüchte-Sets sind perfekt für zwei Personen und umfassen Krabben, Jakobsmuscheln, Garnelen und Fisch. Das Tofu-Gemüse-Set ist ideal für Vegetarier, die *Jigoku-mushi*-Meeresfrüchte beinhalten Garnelen, Jakobsmuscheln und die hochgeschätzten Krabben aus der Küstenregion. Vergessen Sie nicht, Ihr Mittagessen mit einem gedämpften Vanillepudding abzurunden. Die Einheimischen bringen ihre eigenen Zutaten mit und mieten einen Dampfschlot (gegen Gebühr pro halbe Stunde). Sie können auch Heilwasser direkt von der Quelle trinken oder heilenden Dampf durch eine Reihe offener Rohre einatmen – das hilft, die Stimmbänder zu lockern, wenn Sie später einen Karaoke-Abend planen.

民芸食事 寿々や

SUZUYA RESTAURANT

TAKAYAMA

24 Hanakawa-machi,
Takayama, Gifu

suzuyatakayama.ec-net.jp

Bahnhof Takayama, Ausgang 3,
dann zu Fuß (15 Minuten)

Das in den Japanischen Alpen im Hida-Gebirge gelegene Takayama ist mit seinem ländlichen Charakter und seiner Lage perfekt für einen Kurzurlaub. Die Stadt aus der Edo-Zeit (1603–1867) ist geprägt von ihrer feudalen Geschichte, auf deren Spuren Sie bei einem Spaziergang durch die engen, stimmungsvollen Straßen mit historischen Gebäuden wandeln können.

Die an die berühmten *Gassho-zukuri*-Bauernhäuser der Region angelehnte volkstümliche Architektur des Suzuya bietet eine stimmungsvolle Mischung aus warmen Hölzern und Licht, das sanft durch die Lamellen- und *Shoji*-Fenster dringt. Wir wurden in einem gemütlichen Séparée platziert, wo sich das Personal um uns kümmerte, als wären wir Einheimische. Zwei kleine Tongrills (*hibachi*) wurden an den Tisch gebracht, auf denen jeweils ein getrocknetes *hoba* (Magnolienblatt) mit Wildgemüse lag. Die *Hoba*-Misopaste, offenbar ein über Generationen weitergegebenes Familienrezept, schmeckte mild, leicht scharf und süß zugleich. Unser Mittagessen kochte sich am Tisch von selbst. Steves *hoba* enthielt eine Mischung aus Berggemüse und dem berühmten Hida-Rindfleisch der Region, Michelles farbenfrohes Gemüse und reichlich Pilze. Auf der Speisekarte steht auch luxuriöses Hida-Filet, das man sich auf der Zunge zergehen lassen kann, Fischliebhaber werden die köstlichen frittierten panierten Garnelen lieben.

Besuchen Sie nach dem Mittagessen die Läden der Stadt, die etwa Holzschnitzereien, lokalen Sake, *wagashi* und Reiscracker, die über offenem Feuer geröstet werden, anbieten. Wenn Sie über Nacht bleiben, können Sie auf dem Miyagawa-Morgenmarkt biologische Produkte kaufen.

ヴィーガンラーメン
ウズ キョウト

VEGAN RAMEN UZU

KYOTO

146 Umenokicho
Nakagyo-ku, Kyoto

vegan-uzu.com

Bahnhof Jingu-Marutamachi

Das Vegan Ramen UZU befindet sich etwas versteckt in einer unscheinbaren Straße in einem traditionellen Stadthaus *(machiya)* Kyotos. An diesem eher schlicht gestalteten renovierten Gebäude deutet nur ein dezentes Schild auf das Restaurant hin. Die dunkle Fassade gibt aber bereits einen Eindruck, was einen im Inneren erwartet: ein abgedunkelter Raum mit einer Art digitalem Gemälde an der Rückwand. Dieses Kunstwerk des renommierten internationalen Kunstkollektivs teamLab zeigt fließende und stetig neu entstehende Kalligrafie-Pinselstriche, die sich auf der Oberfläche der Tische spiegeln und den ganzen Raum einnehmen. Die anderen Gäste werden dadurch zu Schatten – und die ruhige Atmosphäre (leise Stimmen sind hier erwünscht) trägt zum Gesamterlebnis bei.

Im Jahr 2023 wurde das Vegan Ramen UZU vom Guide Michelin mit dem Bib Gourmand ausgezeichnet, eine Ehrung für hervorragende Menüs, die zu einem besonders guten Preis-Leistungs-Verhältnis angeboten werden. Die Brühe für die Ramen-Suppen wird zwölf Stunden mit Kyotos Rausu-Tang, Shiitake-Pilzen und Gemüse ziehen gelassen, um so eine Geschmackspotenz zu erhalten, die einem pikanten Schweinefleisch in nichts nachsteht. Das UZU serviert Ramen-Sorten wie Kokiake (Sojasoße), Yamabuki (würziges Miso) oder Tsukemen (würziges Miso mit Szechuanpfeffer). Wir haben die Bergkräuter-Ramen mit einigen leckeren Miyama-Gomi-Yuba-Rollen und einem Hagebutten-Hibiskus-Kombucha kombiniert und zum Abschluss ein köstliches veganes Eis zum Dessert genossen.

うかい鳥山

3426 Minami-Asakawacho, Hachioji, Tokyo

ukai.co.jp/english/

Kostenloser Shuttlebus vom Bahnhof Takaosanguchi

UKAI TORIYAMA

TAKAO

Nur eine Stunde von Tokyo entfernt fühlen Sie sich auf dem Berg Takao inmitten von Wäldern wie in einer anderen Welt. Das Ukai Toriyama ist ein Erlebnisrestaurant in einem engen, von hohen Kiefern gesäumten Tal mit Teichen, Bächen, Brücken, Statuen und Wasserrädern, in dem Schmetterlinge an Hecken flattern und Insekten träge im Unterholz schwirren. Es ist im klassischen japanischen *Sukiya-zukuri*-Stil gebaut, einst eine Architekturform für Teezeremonien und Ikebana, bei deren Gestaltung das Streben nach Eleganz im Vordergrund stand. Die privaten Speiseräume liegen versteckt in der grünen Landschaft, lugen hinter leuchtend rosa Kirschblüten oder dicken goldenen Ahornbäumen hervor. Unvermittelt tauchen moosbewachsene Dächer und Häuschen in zarten Erdtönen aus dem Unterholz auf. In den Zimmern zu sitzen und den Blick über die Landschaft schweifen zu lassen, ist schon das halbe Erlebnis.

Eigentlich ein Restaurant für Hühnchen vom Holzkohlegrill, bietet das Ukai Toriyama saisonale Menüs mit einer Vielzahl von Hühnchen- und Rindfleischvarianten sowie ein Kindermenü. Wir besuchten das Restaurant zur Mittagszeit und erfreuten uns an den vielen kleinen Tellern und Gerichten. Die traditionell gekleideten Kellner, die in unserem privaten Raum ein und aus gingen, brachten ein köstliches Gericht nach dem anderen. Zu Steves Menü-Höhepunkten gehörten leicht gegrilltes Hühnchen und Wagyu-Rindfleisch in Ukais »Geheimsoße«, wunderschön angerichtetes Sashimi auf einem Reisbett und Blütenarrangements sowie erntefrisches Berggemüse aus der Region. Michelle schlemmte Sashimi, Somen-Nudeln, Tofu-Salat, Reis mit Gerste und zum Nachtisch ein köstliches Adzuki-Bohnen-Gelee. Später kamen wir einmal am Abend und genossen ein Festmahl mit Blick auf den Sonnenuntergang und in der Dunkelheit tanzende Glühwürmchen. Die unerlässliche Online-Reservierung (ukai.co.jp) ist auf Englisch unproblematisch.

近江町市場

50 Kamiomi-cho,
Kanazawa, Ishikawa

kanazawastation.com/
omicho-ichiba-market

Bahnhof Kanazawa, Ostseite, dann mit dem Bus bis Musashigatsuji, anschließend zu Fuß (2 Minuten)

OMICHO-ICHIBA-MARKT

KANAZAWA

Der Omicho-Ichiba-Markt (oder Omicho) versorgt als berühmte »Küche von Kanazawa« die Einheimischen seit 1721 mit frischen Produkten! Über 200 bunte Marktstände drängen sich hier in einem überdachten Gassennetz unweit des Bahnhofs Kanazawa und der Hauptattraktionen der Stadt, des Kenrokuen-Gartens (*siehe S. 160f*) und des Museums für zeitgenössische Kunst.

Zu den angebotenen Delikatessen aus der Region Kaga gehören frisches Obst und Gemüse, *wagashi* (japanische Süßigkeiten) und regionaler Sake. Die Stars sind jedoch die Meeresfrüchte aus dem nahe gelegenen fischreichen Japanischen Meer. Bestaunen Sie das ungewöhnliche Angebot und die winzigen Lokale, in denen Platten voller Krebse, Gelbflossenthunfisch, Lachs und Garnelen serviert werden. Perfekt für Picknicks sind die Bento-Boxen mit Meeresfrüchten, Obst und köstlichen *mochi* (süße Reiskuchen).

Machen Sie es sich an einer der Austernbars mit einem Craft Beer von Oriental Brewing gemütlich und beobachten Sie das bunte Treiben der Marktbesucher. Unser Lieblingsgericht auf dem Markt ist Kanazawas berühmtes *kaisendon* – eine Schüssel mit köstlichen, auf der Zunge zergehenden Sashimi auf einem Bett aus süßem Reis. Michelle bestellt immer die Thunfischschüssel, Steve bevorzugt den Lachs. Die einfachen Reisschüsseln sind mit dem berühmten Blattgold der Region verziert, was ihnen einen Hauch Luxus verleiht. Zwischen den klapprigen Ständen finden sich viele winzige *Kaisendon*-Lokale.

Für uns ist es Tradition, in Kanazawa gleich am ersten Tag früh auf den Markt zu gehen. Es ist ein inspirierender Start in den Tag, dabei zuzusehen, wie die Einheimischen und Wirte zum Geschrei der Standbesitzer, die ihre Produkte feilbieten, durch die Läden strömen. Mittags stellt man sich in einer der Schlangen an und freut sich auf eine frische und köstliche Mahlzeit mit Zutaten aus der Region.

キフライ
¥880
純米無濾過生原酒
-overture-
【金沢おでん盛】
Y 980
Y 1580
奴
¥1280
つに
¥1880
ようがば焼
¥1680
名物
け焼
¥780
ずく
880
クリーム
¥880
できます

心を満たす睡眠

Achtsam schlafen

Zu unseren schönsten Erinnerungen an Japan-Reisen gehören auch immer die Orte, an denen wir übernachteten. Japan ist voll von außergewöhnlichen Übernachtungsmöglichkeiten – von umweltfreundlich über luxuriös bis zu höchst ungewöhnlich. Wir sind immer wieder begeistert, überrascht und oft tief bewegt von der Gastfreundschaft, den Orten, der Aussicht, den heißen Quellen und dem unglaublichen Essen. Von spirituell bereichernden Tempelaufenthalten *(siehe S. 136 –155)* und altehrwürdigen *ryokan* mit *onsen* *(siehe S. 60 – 79)* über abgelegene nachhaltige Unterkünfte, die die Umwelt lieben und von ihr zurückgeliebt werden, bis hin zu Retreats in Bergwäldern – Japan ist eine Fundgrube für durchdachte und gehobene Unterkünfte.

Eine Erfahrung, die Sie sich nicht entgehen lassen sollten, ist ein Aufenthalt in einem *ryokan*. Die ältesten dokumentierten *ryokan* sind das Nishiyama Onsen Keiunkan in Hayakawa (705), das als ältestes Hotel der Welt gilt, und das Hoshi Ryokan in Komatsu (718). Die einstigen Herbergen für müde Samurai und Kaufleute dienen ausschließlich dem Zweck, Gastfreundschaft, regionale Küche, eine entspannende Umgebung, ein Bad (in der Regel in heißen Quellen) und eine angenehme Nachtruhe zu bieten. Die Preise mögen hoch erscheinen, aber wenn man bedenkt, dass die Mahlzeiten inbegriffen und die Annehmlichkeiten zahlreich und hochwertig sind, ist das Geld gut angelegt. *Ryokan* liegen oft in älteren Städten, kleinen Orten oder inmitten spektakulärer Natur.

In den meisten besonderen Unterkünften werden Sie mit Tee und *wagashi* begrüßt. Möglicherweise nimmt man Sie auch auf eine kleine Tour mit, um Ihnen die öffentlichen Räume wie Bäder, gemütliche Bibliotheken und Leseecken zu zeigen, die mit Ikebana und hochwertigem Kunsthandwerk ausgestattet sein können. In manchen Unterkünften gibt es auch einen kleinen Laden, der lokale Produkte und die typischen Pyjamas, *yukata* (Sommerkimono aus Baumwolle) und Handtücher verkauft. Wir empfehlen, zumindest einmal ein japanisches Frühstück zu buchen. Fisch-, Reis-, Eier- und Gemüsegerichte mit grünem Tee ohne Ende machen Sie fit für die Erlebnisse des Tages.

In diesem Kapitel haben wir eine kleine Liste mit unseren Lieblingsunterkünften zusammengestellt. Probieren Sie ein traditionelles japanisches Bauernhaus aus, wo die Lebensmittel direkt erzeugt werden und Sie in ländlicher Umgebung mit dem Kreislauf des Lebens eins werden können. Schlafen Sie in einer Open-Air-Kunstausstellung und verwandeln Sie sich selbst in eine Installation. Werden Sie zu einem furchtlosen (und sehr verwöhnten) Abenteurer, während Sie sich für die Nacht in einer voll ausgestatteten Jurte niederlassen. Schlafen Sie mit den Vögeln in einem modernen, umweltfreundlichen Baumhaus. Genießen Sie das ultimative Glamping-Erlebnis inmitten der Natur, ohne auf Komfort verzichten zu müssen.

Doch wo auch immer Sie übernachten, kaufen Sie Badesalz, eine Gesichtsmaske und ein paar Verwöhnprodukte (wir kaufen immer Fußcreme) und verbringen Sie mindestens einen kuscheligen Abend. Schalten Sie alle Geräte aus, nehmen Sie sich Zeit für ein langes Bad, etwas Meditation und ein paar *Haiku*-Gedichte und betreiben Sie auf diese Weise ganzheitliche Selbstfürsorge.

Vorhergehende Seite: Kishi-ke; *oben:* Steve auf einem *Tatami*-Boden in einem *ryokan*; *rechte Seite oben links:* Hoshinoya Fuji; *rechte Seite oben rechts:* Hatcho no Yu; *rechte Seite unten:* Treeful Treehouse

ホテルウッド

80-2 Kaminino-machi,
Takayama, Gifu

hotel-wood.com

Bahnhof Takayama, dann Taxi (5 Minuten) oder zu Fuß

HOTEL WOOD

TAKAYAMA

Das Hotel Wood in der historischen Stadt Takayama richtet sich nach den Grundprinzipien des Zen. Es will vor allem einen achtsamen Aufenthalt bieten, der der Entspannung gewidmet ist. Sofort sticht die Architektur ins Auge, die das Holz der in der Gegend häufigen Eiben ausgiebig und innovativ einsetzt – eine moderne Interpretation der klassischen Takayama-Architektur, die perfekt zum dunklen Holz der traditionellen Umgebung passt. Die Möbel stammen von lokalen Handwerkern, die schlichten Zimmer mit *Shoji*-Fenstern und indirektem Licht vereinen das Beste der japanischen Ästhetik mit westlichem Komfort, einschließlich eines barrierefreien Zimmers.

Das Hotel Wood pflegt stolz *omotenashi*, die Gastfreundschaft vergangener Zeiten. Entspannen Sie sich bei Ihrer Ankunft bei einem gequirlten Matcha unter der großen Holzdecke im Gemeinschaftsraum, der Sie auf Ihren Aufenthalt einstimmt. Zu den Gemeinschaftsräumen gehören eine Fotogalerie, der Zen-Raum mit Dreiviertel-Mond-Fenster und ein großes öffentliches Bad.

Das Hotel bietet zahlreiche Achtsamkeitserlebnisse in der Region Takayama. Einige sind kostenlos, andere kosten ein wenig. Nehmen Sie an einer stimmungsvollen Nachtführung durch die Altstadt teil, an der vorab gebuchten Matcha-Teestunde oder an den äußerst achtsamen Sieben-Sake-Verkostungen. Der geführte Rundgang und die Meditationssitzung im beeindruckenden Zennoji-Tempel sind ein Muss. Der nahe Shiroyama-Park zählt zu den 100 besten therapeutischen Waldspaziergängen, im Frühling können Sie dort die *sakura* von über 1000 Bäumen bewundern. Zum Angebot gehören auch geführte Spaziergänge (zwei Stunden) am frühen Morgen samt Frühstücks-Bento-Box sowie Tagestouren zu den Hida-Osaka-Wasserfällen inklusive Wanderung durch die Wälder des Lavaplateaus. Buchen Sie online (hotel-wood.com) fünf Tage vorab.

岸家

21-5 Sakanoshita,
Kamakura, Kanagawa

kishi-ke.co.jp

Bahnhof Kamakura, dann mit dem Taxi (5 Minuten)

KISHI-KE RYOKAN

KAMAKURA

Das Kishi-ke Ryokan in Kamakura ist eine moderne Variante eines traditionellen Gasthauses. Es ist luxuriös, individuell und perfekt für Flitterwochen oder einen besonderen Anlass. Kamakura liegt zwar in der Nähe von Tokyo, aber man fühlt sich hier wie in einer anderen Welt. Zu den vielen Tempeln gehören der Kotokuin mit dem ikonischen »Großen Buddha« (1252), der Hortensientempel Meigetsuin (1394) mit dem grandiosen herbstlichen Ausblick durch sein rundes Fenster und der Hasedera (736).

Das *kanji* des Kishi-ke besteht aus den Wörtern Reisen und Bauen – kurz gesagt, es versteht sich als »ein Zuhause in der Ferne«. Und noch ein anderer Begriff ist mit diesem herrlichen Ort verbunden, das Zen-Konzept *chisoku*, »im Hier und Jetzt erfüllt sein«. Die Gastgeber, Nobuyuki Kishi, Nachkomme einer Samurai-Familie aus Okayama, und Hitomi Kishi, künstlerische Leiterin und Meisterin der Teezeremonie, helfen Ihnen, Ihren Alltag mit Ruhe und Zufriedenheit zu erfüllen.

Der makellose, von dem Kengo-Kuma-Schüler Ryohei Tanaka entworfene Ort bietet Blick auf den Ozean und einen traumhaften Landschaftsgarten von Akihiko Ono. Die schönen Zimmer sind in hellen Holztönen, Weiß und Dunkelgrau gehalten. Die Badezimmer bieten ein Mini-*onsen* und eine Hinoki-Holzwanne mit medizinischen Badesalzen. Die Keramiken, Vasen und Utensilien von lokalen Kunsthandwerkern in den Zimmern entsprechen dem *wabi-sabi*, der Kunst der Perfektion in der Unvollkommenheit, die mit *chisoku* harmoniert.

Zum Essen gibt es saisonale, pflanzliche *shojin ryori*, eine Luxusvariante der buddhistischen Küche, und gesundheitsbewusste Abwandlungen klassischer japanischer Gerichte. Zu den teils kostenlosen, teils preiswerten Angeboten des Kishi-ke gehören *Zazen*-Meditation, Ikebana, Teezeremonien und Windsurfen (Nobuyuki Kishi war in seiner Jugend ein begeisterter Windsurfer).

紅葉館

KOYOKAN RYOKAN

YASUGI

528 Kiyomizu-cho,
Yasugi, Shimane

kouyoukan.co.jp

Bahnhof Yasugi, dann
mit dem Shuttlebus

ACHTSAMER TIPP

Machen Sie aus dem Aufenthalt ein rundum besonderes Erlebnis und reisen Sie von Tokyo mit Japans letztem Nachtzug an, dem Sunrise Izumo. Nehmen Sie sich die Zeit, dann sind Sie schon bei der Ankunft in der richtigen Stimmung.

Die ländliche Gastfreundschaft in der Präfektur Shimane begann für uns mit dem Shuttlebus, den das Koyokan zum Bahnhof Yasugi schickte, um uns in den Wald zu bringen. Wir fuhren hoch in die Berge und erreichten eine steile Straße mit atemberaubender Aussicht auf den Zuikozan, die Pagode des Kiyomizudera-Tempels, die sich majestätisch über das Meer der üppigen Baumkronen erhebt.

Der Tempelkomplex gehört zur Tendai-Schule und geht auf das Jahr 1429 zurück. Pilger kommen hierher für die »Yakubarai«, einer besonderen Gebetszeremonie für die Umkehrung von Unglück. Die dreistöckige Pagode ist die einzige in Japan, bei der die Besucher die dritte Ebene besichtigen können, dazu steht im Schatzhaus die größte Buddha-Statue der Region.

Das Koyokan unterhalb des Tempels war einst ein Teehaus für Pilger aus der späten Edo-Zeit (1603 –1867) und ist heute ein stimmungsvolles *ryokan*. Auf einem verschlungenen Pfad entfernten wir uns vom Tempelgelände. Entlang des Wegs betrachteten wir alle möglichen Moose und Flechten und sinnierten ehrfürchtig über das mögliche Alter der hoch aufragenden Bäume. Als wir das *ryokan* erreichten, sahen wir, dass Michelles Name in *kanji* auf einer Holztafel an der Tür geschrieben war, ein respektvoller Willkommensgruß und ein Zeichen althergebracher Gastfreundschaft. Unser geräumiges Zimmer zierten verschnörkelte hölzerne Dachvorsprünge und Nischen, in denen Gegenstände zur Geschichte der Region ausgestellt waren. Den Tee nahmen wir in unserem eigenen verglasten Korridor mit Blick auf die üppige Natur ein, wobei sich der süße Duft der *tatami* mit melodiösem Vogelgezwitscher mischte.

Das Abendessen ist buddhistische Tempelkost vom Feinsten, bescheiden und bäuerlich, aber dennoch üppig und vielfältig. Die Küche ist hauptsächlich vegetarisch, es erwarten Sie Reis und Miso, kombiniert mit Gerichten aus saisonalem Gemüse aus der Region, Essiggurken und kunstvollen Kreationen mit Wurzeln, Stängeln und Blättern.

Der Aufenthalt in unmittelbarer Nähe des Tempels ist ein besonderes Erlebnis. Tagsüber kann man die spektakulären alten Gebäude besichtigen. In der Abenddämmerung kehrt kontemplative Stille ein.

松琴館

星のや富士

1408 Oishi, Fujikawaguchiko-machi, Minamitsuru-gun, Yamanashi

hoshinoya.com/fuji/en

Bahnhof Kawaguchiko, dann mit dem Taxi (18 Minuten)

HOSHINOYA FUJI GLAMPING

KAWAGUCHIKO

Es heißt zwar »Der Weg ist das Ziel«, aber Hoshinoya Fuji ist da anderer Meinung. Nicht weit vom hektischen Tokyo entfernt, hat Hoshinoya einen Glampingplatz in den Bergen von Yamanashi mit Blick auf den herrlichen Kawaguchiko-See und – als optische Krönung – den imposanten Fuji geschaffen. Keine Blockhütte im Wald, in der man mit Stöckchen Feuer macht und Bären abwehrt, sondern ein architektonisch faszinierendes Waldresort, eine kunstvolle Mischung aus Natur und Kultur von Meistern japanischer Erlebnishotels.

Im Hoshinoya Fuji fühlt man sich eins mit der Natur, aber ihr nicht ausgeliefert. Der Komplex aus minimalistischen »Hütten« mit großen Balkonen ragt an einem grünen Berghang auf. Die einmalige Aussicht wirkt wie ein lebendiges Kunstwerk. Zur Auswahl stehen Zimmer mit Kingsize- und Doppelbett sowie eines mit drei Betten, alle mit atemberaubendem Blick auf die Berge. Hier sind Sie von Freunden umgeben – von Rotkiefern, Kirsch-, Ginkgo- und Ahornbäumen, die zu allen Jahreszeiten die Umgebung in kräftige Farben hüllen.

Die hier gepflegte Jäger-Sammler-Küche bietet drei Arten der Verpflegung. Bauern aus der Umgebung sorgen für frisches Obst und Gemüse, Jäger liefern Wildschweine und Rehe. Im Speisesaal werden französisch inspirierte Gerichte serviert. Sie können aber auch in der Waldküche selbst kochen und im Freien essen. Oder Sie lassen sich Essen aufs Zimmer kommen.

Unternehmen Sie die Fujisan-Panoramawanderung – was könnte achtsamer sein als der Blick auf einen der beeindruckendsten und spirituellsten Berge der Welt, der sich majestätisch über dem Kawaguchiko-See erhebt? Zur Wahl stehen zudem Lebensmittelräuchern, Kanufahren, Naturführungen und Aerial-Body-Stretching. Camping im Hoshinoya-Stil – mitten in der Natur, entspannt und abgeschieden, doch mit Komfort.

ツリーフルツリーハウス

2578 Genka, Nago,
Okinawa

treeful.net

Vom Haneda Airport zum Naha Airport, dann mit einem Mietwagen nach Nago

TREEFUL TREEHOUSE

NAGO, OKINAWA

Werden Sie ein *morinchu* (Waldmensch) und folgen Sie dem Weg hinauf zu einem nachhaltigen Übernachtungserlebnis. Das Treeful Treehouse liegt 30 Autominuten von der nächsten Stadt entfernt im Wald. In diesem Resort können Sie Ihren Kindheitstraum ausleben und in den grünen Baumkronen des nördlichen Okinawa-Walds in einem der Baumhäuser in verschiedenen Stilen und Größen übernachten. Das sorgfältig gebaute Naturresort respektiert in allen Aspekten die Umwelt. Es verzichtet auf fossile Brennstoffe, nutzt lokale Erzeuger und Hersteller, eine Komposttoilette, Solarenergie und Regenwassertanks sowie natürliches Mineralwasser aus einem Brunnen vor Ort.

Hier fühlt man sich sofort eins mit der Natur. Die rundum offenen Baumhäuser bieten einen 360-Grad-Blick auf die Baumkronen, die sich sanft im Wind wiegen und nachts von Glühwürmchen erhellt werden, wenn Sie die Geräusche des Flusses und der Natur in den Schlaf lullen. Für Yoga, Meditation etc. steht der Floating DNA Catwalk zur Verfügung – hier ist man beim Sonnengruß der Sonne ein wenig näher. Der Catwalk dient auch als Rampe für Rollstuhlfahrer. Im gemeinschaftlichen »Aerohouse« sind Bad, Ruheräume und Küche untergebracht.

Im abgelegenen Treeful Treehouse müssen Sie Ihre Verpflegung vorab planen. Sie können eigenes Essen mitbringen, eine Kiste mit Produkten aus der Region wählen und an der gemeinsamen Feuerstelle kochen oder ein Abendessen von einem örtlichen Koch aus den berühmten Bio-Zutaten der Insel kosten. Wer pflanzliche Kost wünscht oder Allergien hat, wendet sich vorab per E-Mail an das fürsorgliche Personal. Treeful Treehouse bietet gegen Gebühr auch eine wilde Trekkingtour an. Führerin Kijimuna Yasu bringt Sie in ihrem achträdrigen Fahrzeug durch den Wald zum Meer (wo Sie mit etwas Glück Meeresschildkröten sehen können). Zur Tour gehören auch ein köstliches Mittagessen aus der Bento-Box und ein Bad am Shizogumui-Wasserfall.

八寿恵荘

YASUESOU

IKEDA

4098 Hirotsu, Ikeda,
Kitaazumi-gun, Nagano

yasuesou.com

Bahnhof Akashina, dann mit dem Shuttlebus oder Taxi (30 Minuten)

Die Präfektur Nagano in den Japanischen Alpen ist bekannt für ihr Thermalwasser und ihre beeindruckende Natur. Nach einem Mini-Urlaub auf der Kunsthandwerksmesse in Matsumoto fuhren wir aufs Land zum Naturhotel Yasuesou – ein perfekter, achtsamer Ort für Ruhe, Spaziergänge und Blumenfelder.

Das moderne Hotel im Chalet-Stil liegt in den südlichen Alpen inmitten von weiten Kamillenfeldern und war das erste Bio-Hotel, das in Japan eröffnet wurde. Auf Heilung ausgerichtet, hilft es seinen Gästen durch Entspannung, Yoga und gesundes Essen bei einer Vielzahl von Beschwerden.

Jeder Aspekt des nachhaltigen Designs spiegelt Umweltbewusstsein wider. Für den Bau des Hotels wurden Hölzer aus der Präfektur Nagano verwendet – der Duft von Zedern, Rotkiefern, Eschen, Kirschen und Kastanien bereichert den ohnehin schon beeindruckenden ästhetischen Anblick. Das minimalistische, moderne Interieur aus hellem Holz in Ihrem Zimmer werden Sie unbedingt fotografieren wollen, um Stil und Stimmung zu Hause nachzubilden. Sie können sich in der Gemeinschaftsbibliothek entspannen oder nach draußen gehen und in das Baumhaus hinaufsteigen, um die Aussicht auf die Hida-Berge zu genießen.

Im heißen Quellwasser des Bads Kamitsuren no Yu sorgt Kamille für absolute Entspannung. Während Sie baden, blicken Sie durch riesige Fenster auf die Wälder des Hida-Gebirges. Die Kamillenblüten werden auch zur Herstellung von Shampoo und Körperpflegeprodukten unter der eigenen Marke Kamitsuren verwendet. Kaufen Sie einige Produkte für ein Kamitsuren-Erlebnis zu Hause.

Zu den Mahlzeiten werden ausschließlich biologische sowie vegetarische Gerichte serviert, das lokal gesammelte, sorgfältig zubereitete Berggemüse enthält keine chemischen Zusätze oder scharfen Gewürze. Wie man in Yasuesou sagt: »Schmecken Sie die Wohltaten der Erde.«

WISSENSWERT

Das Yasuesou Bio-Hotel ist vorübergehend geschlossen. Bitte prüfen Sie die Website, bevor Sie das Hotel besuchen.

民宿かんじゃ

MINSHUKU KANJA

SHIRAKAWAGO

689 Ogimachi, Shirakawa-mura, Ono-gun, Gifu

en.sirakawago-kanjiya.com

Bahnhof Takayama, dann mit dem Nohi-Bus bis Haltestelle Shirakawago, anschließend zu Fuß (5 Minuten)

Die kleinen Dörfer von Shirakawago und Gokayama sind für ihre charakteristischen *Gassho-zukuri*-Bauernhäuser bekannt, die häufig auf eine 250 Jahre lange Geschichte zurückblicken. In den ohne Nägel zusammengesteckten Häusern mit dreieckigen, »betende Hände« genannten Schrägdächern werden auch heute noch Seidenraupen gehalten. Sie sehen aus wie Lebkuchenhäuser auf Keksdosen, sind aus Holz gebaut und haben weiß getäfelte Wände. Die Dächer sind so konstruiert, dass sie dem Schnee standhalten – dank dieser beeindruckenden architektonischen Leistung sehen die Häuser im Winter wie aus einem Bilderbuch aus, vor allem, wenn sie nachts beleuchtet sind.

Im Dorf Ogimachi in Shirakawago stehen die meisten *gassho-zukuri*. Als wir im Winter durch das Dorf schlenderten, der Schnee gefährlich von den schrägen Dächern rutschte und getrocknete Kakis in Büscheln von den Traufen hingen, fühlten wir uns wie Figuren in unserem eigenen Märchen.

Einige *gassho-zukuri* wurden zu Gästehäusern umgebaut und ermöglichen Reisenden die einzigartige Erfahrung, in einem traditionellen Bauernhaus zu übernachten. Wir wählten das Kanja wegen seiner Lage auf einem Hügel mit Blick auf das Dorf und den Myozenji, einen Tempel im *Gassho-zukuri*-Stil mit Museum.

Das Kanja besitzt fünf Gästezimmer und einen Speisesaal, in dem auf einem japanischen Herd vorwiegend vegetarische Gerichte aus frischen lokalen Produkten zubereitet werden. Die großen Zimmer bieten Platz für vier oder mehr Personen, die Badezimmer werden gemeinsam genutzt.

WISSENSWERT

Minshuku heißt übersetzt so viel wie »Übernachtung mit Frühstück«. Buchen Sie über die großartige Website: japaneseguesthouses.com.

八丁湯

876 Kawamata, Nikko, Tochigi
Kostenloser Shuttleservice vom Parkplatz Meotobuchi

HATCHO NO YU RYOKAN

OKUKINU ONSEN, NIKKO

Ein rundum authentischer achtsamer Ausflug führt nach Okukinu Onsen, eine versteckt gelegene heiße Quelle inmitten der weiten grünen Wälder und Berge von Nikko. Okukinu Onsen strotzt vor Charakter (und Thermalwasser), und seine vier *ryokan* sind auch für Tages-Badegäste geöffnet.

Wer Kontemplation und Natur sucht, den wird die Pilgerreise zu diesem ruhigen Ort nicht enttäuschen. Das »Gasthaus der verborgenen Quellen«, Hatcho no Yu, liegt auf 1300 Meter Höhe in einem Gebiet mit üppigem Grün, Felsen und umwerfenden Ausblicken. Die vielen Lampen entlang des Wegs stammen aus einer nicht allzu lang vergangenen Zeit, als es hier tief im Wald noch keinen Strom gab – der kam erst 1988. Die Unterkünfte sind traditionelle japanische Zimmer bzw. geräumige Blockhütten oder barrierefreie Zimmer. Viele sind für Familien oder Gruppen geeignet, einige verfügen über Loft-ähnliche Schlafräume und alle bieten einen perfekten Blick in die Natur.

Die Wanderungen und das Herbstlaub sind spektakulär, aber das Highlight sind zweifellos die vielen heißen Quellen. In den meisten baden Frauen und Männer gemeinsam, in einigen hat man Blick auf einen seltenen »heißen« Wasserfall, der dampfend über die Felsen stürzt. Hier können Sie unter anderem im Takimi no Yu (Wasserfall-Blick), Yukimi no Yu (Schnee-Blick) oder im gemischten Shakunage no Yu (Rhododendron-Blick), das ebenfalls Aussicht auf den Wasserfall bietet, baden. Zur Wahl stehen einige reine Männer- oder Frauenbäder, die gemischten Bäder sind zu bestimmten Zeiten für Frauen reserviert.

Auch das Essen beeindruckt mit Sashimi- und Gemüsegerichten aus frischesten lokalen Zutaten direkt aus den Bergen, Fleisch von frisch erlegten Rehen und Wildschweinen. Das tief im wilden Wald gelegene Hatcho no Yu ist wirklich einer der bestgehüteten Geheimtipps in Japan.

農家民宿 フォレスト

FOREST

WAJIMA, HALBINSEL NOTO

6-31-1 Wada,
Monzen-machi, Wajima

notoforest.com

Bahnhof Anamizu, dann mit dem Hotelshuttle (auf Anfrage)

Die Halbinsel Noto an der Westküste Honshus bietet zerklüftete Küsten mit atemberaubenden Landschaften, fruchtbare Böden, dichte Wälder und einen unvergleichlichen Sonnenuntergang. Die Region ist jahreszeitlichen Extremen ausgesetzt, die sie zu ihren Gunsten nutzt. Dicker Schnee schmilzt zu mineralreichem Wasser. Das tosende Meer bildet den Gegenpol zu den entspannenden Bädern in den heißen Quellen und versorgt Noto mit frischen Meeresfrüchten. Hier befindet sich auch der Soji, Haupttempel der buddhistischen Soto-Schule.

Da das Forest nur von jeweils einer Gruppe gebucht werden kann, bietet es Ihnen und Ihren Mitreisenden die perfekte Gelegenheit für eine Pause von der urbanen Hektik Japans. Das schöne Gebäude ist rustikal und gibt Ihnen das Gefühl, eins mit dem Land zu sein.

Das Forest bietet ein Drei-Tage-Paket mit zwei Übernachtungen und Aktivitäten an, in denen Sie die Landschaft, die einzigartige Kultur, den Charakter und die Besonderheiten Notos kennenlernen. Unter der Leitung von Einheimischen können Sie durch Wälder und Wiesen wandern, Wildpflanzen sammeln und die umliegenden Naturwunder entdecken, aber auch Kunsthandwerksläden besuchen (Noto ist berühmt für seine Lackwaren) oder an einem der Workshops teilnehmen und zum Beispiel Ihr eigenes japanisches Papier herstellen.

Das sorgfältig zubereitete Bio-Essen ist ein Highlight im Forest. Frühstück und Abendessen aus regionalen Produkten sind ein Fest für die Sinne. Die Region ist berühmt für ihren Sake und ihr Craft Beer, zum Abendessen wird deshalb eine Auswahl von Bieren angeboten.

ACHTSAMER TIPP

Gönnen Sie sich eine Auszeit von den Aktivitäten und legen Sie Ihre Sorgen (und Ihre Kleidung) im berühmten Kurort Wakura Onsen ab, der nur 40 Minuten entfernt ist.

光の館

2891 Ueno-ko,
Tokamachi, Niigata

hikarinoyakata.com

Vom Bahnhof Echigo-Yuzawa (Tokyo) mit der Hokuhoku-Linie nach Tokamachi, dann mit dem Taxi (15 Minuten)

ECHIGO TSUMARI HOUSE OF LIGHT

TOKAMACHI, NIIGATA

Das Echigo Tsumari Art Field ist eine Open-Air-Kunstausstellung, die über sechs Orte in Tokamachi verteilt ist. Die Echigo Tsumari Triennale ist ein unverzichtbares Ereignis für alle Kunstliebhaber. Eine Besonderheit ist, dass man in verschiedenen Kunstwerken auch übernachten kann.

Der für seine Raum-Licht-Installationen bekannte amerikanische Künstler James Turrell erhielt den Auftrag, ein Gästehaus zu kreieren, das auch als ein von Michelles Lieblingsessay, Jun'ichiro Tanizakis *Lob des Schattens*, inspirierter Meditationsraum dient. Das House of Light gleicht einem traditionellen japanischen Haus. Doch wo ein Haus Licht hereinlässt, wird hier das Innenlicht als Kontrast zum Außenlicht eingesetzt. Nachts ähnelt das Haus einer Laterne, die wie ein Glühwürmchen unbeirrt in der es umhüllenden Dunkelheit leuchtet. Das sich in Zyklen sanft verändernde Licht schafft verschiedene Stimmungen.

Im Inneren kann man im »Kreuzgang« meditieren und den Wechsel der Jahreszeiten beobachten. Tagsüber strömt die kraftvolle Sonne durch ein Oberlicht in den »Outside-in«-Raum. Im »Light Bath« erhellen Glasfaserlichtleiter das Wasser, sodass Sie jedes Detail des Bads sehen können. Die bodentiefen Fenster im »Room of Gardens« bringen dem Gast die Natur näher.

In einem Kunstwerk zu übernachten und es so nicht nur als Betrachter zu erleben, sondern selbst Teil des Kunstwerks zu werden, ist ein unvergessliches Erlebnis. Turrells Wunsch war es, dass drei Familien oder Gruppen in dem Kunstwerk übernachten und ihre Emotionen und Einsichten teilen. Auf Bestellung kann ein preisgünstiges, köstliches Abendessen zubereitet werden, oder Sie kochen Ihr eigenes Festmahl in der Küche.

心を満たす寺院滞在

Achtsame Tempel-aufenthalte

WISSENSWERT

Shukubo (Tempelunterkünfte) sind ein wesentliches Element der Pilgerpfade. Bei größeren Tempeln können die *shukubo* auf dem Tempelgelände oder verstreut in der Umgebung liegen. Die Unterkünfte sind sehr unterschiedlich, manche sehen Ausgangsbeschränkungen und festgelegte Aktivitäten vor, andere ähneln eher einem *ryokan* (traditionelles Gasthaus).

In Japan gibt es schätzungsweise 80 000 buddhistische Tempel, die häufig auch als friedliche Meditations-Retreats dienen. Von Refugien in den Bergen über abgelegene Oasen im Wald bis hin zu ruhigen Rückzugsorten in der Nähe von Großstädten – einige unserer lebensbejahendsten Erfahrungen in Japan waren Übernachtungen in buddhistischen Tempeln. Schalten Sie also Ihre technischen Geräte aus, bereiten Sie sich auf einen Urlaub von Ihrem gewohnten Ich vor und folgen Sie dem mönchischen Leben, indem Sie wenig sprechen, pur essen und Zeit in stiller Meditation verbringen.

Wie ein japanisches Sprichwort sagt: »Im Zen finden wir nicht die Antworten, sondern wir verlieren die Fragen.« Eine solche Auszeit befreit den Geist und reinigt das Herz. Verhalten Sie sich respektvoll, kleiden Sie sich zurückhaltend und denken Sie daran, dass Sie sich inmitten einer religiösen Gemeinschaft aufhalten. Seien Sie »Zeuge Ihrer eigenen Gedanken« (eine weitere Zen-Maxime) und lassen Sie sich auf eine lebensverändernde Erfahrung ein, bei der Sie bereichernde Rituale kennenlernen, die Sie auch zu Hause im Alltag anwenden können.

Shukubo (was sich mit »Schlafen bei den Mönchen« übersetzen lässt) bietet eine perfekte Möglichkeit, das Leben in und um die Tempel und Pilgerwege in seiner ganzen Bandbreite kennenzulernen. Die Unterkünfte sind fast immer traditionelle japanische Zimmer mit *Tatami*-Matten, Futons und Gemeinschaftseinrichtungen. In den Zimmern gibt es oft keine Ablenkungen des modernen Lebens wie Fernsehen und Internet (obwohl in der Regel das nächste WLAN nicht weit entfernt ist). Bei Ihrem Aufenthalt lernen Sie alle Aspekte des Tempellebens kennen, vom morgendlichen Gebet und der Meditation bis hin zu Gongschlägen im Morgengrauen und bei Abenddämmerung, von Gesängen und Bädern in heißen Quellen über Kalligrafieunterricht bis hin zu Teezeremonien und *shojin ryori* (vegetarisches Festmahl) aus regionalen Produkten. Der Lärm der Stadt ist schnell verklungen, sobald Sie wunderschöne Gartenanlagen entdecken, in spektakulären alten Gebäuden meditieren, den Blick über beeindruckende Landschaften schweifen lassen und in die Traditionen und Praktiken der buddhistischen Lehre eintauchen.

Vorhergehende Seite: Shunkoin-Tempel; *rechte Seite oben links:* Kakurinbo Shukubo; *rechte Seite oben rechts und unten:* Chionin-Tempel

墓地に付き
通行禁止

春光院

42 Myoshinji-cho, Hanazono, Ukyo-ku, Kyoto

shunkoin.com/en

Bahnhof Hanazono, dann zu Fuß (10 Minuten)

SHUNKOIN-TEMPEL

KYOTO

Der Shunkoin ist ein Untertempel des Myoshinji (Tempel des erleuchteten Geistes – die größte Schule der Rinzai-Linie). Die stimmungsvollen dunklen Holzbauten des über 400 Jahre alten Tempels stehen im perfekten Kontrast zu den umliegenden Bäumen. Die Azaleen im Garten pflanzte der berühmte buddhistische Lehrer D. T. Suzuki *(siehe S. 40)*. Es ist eine Herzensangelegenheit des spirituellen Leiters Takafumi Zenryu Kawakami, allen Besuchern Meditation, Philosophie und Wohlbefinden zu lehren. Als hingebungsvoller Vermittler des Zen hält er Vorträge in der ganzen Welt und gibt sein Wissen über Achtsamkeit weiter.

Im Shunkoin wohnt man im modernen Tempelgästehaus Tetsuryu-Kutsu in gemütlichen Zimmern im japanischen Stil mit Bad. Zudem kann man sich kostenlos Räder leihen und damit zu den sensationellen Sehenswürdigkeiten der Umgebung fahren, zum Beispiel zum Sagano-Bambushain *(siehe S. 180)*, zu den Tempeln Ryoanji *(siehe S. 34f)* und Kinkakuji sowie zur Burg Nijo. Zudem werden das ganze Jahr über ein- bis dreitägige Zen-Meditations-Retreats angeboten. Buchen oder fragen Sie online an (shunkoin.com).

Der Zen-Buddhismus lehrt Achtsamkeit, Gelassenheit, Bewusstheit und Verbundenheit. Diese Säulen sind untrennbar mit drei achtsamen Praktiken verbunden, die ihren Ursprung im Zen haben und in denen Shunkoin Kurse anbietet. *Zazen* (Meditation) wird auf Englisch in der mit Blattgoldmalereien von Kano Eigaku geschmückten Gebetshalle unterrichtet. Zur Auswahl stehen auch Teezeremonien, Kalligrafie- und *Koto*-Kurse.

Shunkoin ist einer der wenigen Zen-Tempel, in denen gleichgeschlechtliche Ehen geschlossen werden können, gemäß der Philosophie: »Wir glauben, dass alle Liebe gleich ist, und sind offen für alle Arten von Paaren.« Die Trauung samt Singen des Herz-*sutra* und des gemeinsamen Sake-Trinkens wird in Englisch angeboten.

知恩院和順会館

400-2 Rinkacho,
Higashiyama-ku, Kyoto

wajun-kaikan.jp

Bahnhof Higashiyama,
dann zu Fuß (10 Minuten)

CHIONIN WAJUN-KAIKAN

KYOTO

Der Chionin ist der Haupttempel der buddhistischen Jodo-shu-Schule (Schule des Reinen Landes). Er steht inmitten einer Tempelanlage in der Nähe des Viertels Gion und geht auf das Jahr 1175 zurück. Das Haupttor (das größte Holztor Japans) und das *Sutra*-Repositorium stammen aus dem Jahr 1633. Das Gelände ist berühmt für die Herbstfärbung seiner Bäume und die *sakura* (Kirschblüte).

Ein Spaziergang durch den Chionin ist ein Erlebnis mit »sieben Wundern«. Dazu gehören die Nachtigallenhalle (eine frühe Form der Alarmanlage mit quietschenden Dielen, die auf Eindringlinge aufmerksam machen), der »vergessene Regenschirm«, der der Sage nach von einem dankbaren Fuchs zurückgelassen wurde, und die Sanpo Shomen Mamuki-no-Neko, eine gemalte Katze, die in drei Richtungen blickt – begeben Sie sich auf Schatzsuche.

Das Chionin Wajun-Kaikan ist ein modernes *shukubo*, das wie ein modernistisches Hotel aussieht. Die Zen-Ästhetik des 2011 von der Takenaka Corporation entworfenen Gebäudes fügt sich nahtlos an den alten Chionin-Tempel an. Zur Auswahl stehen japanische und westliche Zimmer (wir entscheiden uns immer für japanische). Die großartigen Gemeinschaftsbäder reinigen Geist und Körper. Die Pauschalangebote beinhalten ein *Shojin-ryori*-Abendessen (vegetarisches Bankett) und ein Frühstück im Restaurant Kasuian. WLAN ist in allen Zimmern verfügbar, und das hauseigene Café wird Ihre Lebensgeister wecken. Der Tempel bietet Meditations- und Kalligrafiekurse sowie Führungen auf Englisch an.

総持院

143 Koyasan, Ito-gun, Wakayama

Bahnhof Gokurakubashi, dann mit der Standseilbahn und anschließend mit dem Bus (20 Minuten)

SOUJIIN-TEMPEL

BERG KOYA

In einem eisigen Winter pilgerten wir zum Berg Koyasan, um mehr über die Mönche der buddhistischen Shingon-Schule zu erfahren und bei ihnen zu wohnen. Seit über 1000 Jahren ist dieser heilige Berg ihr Zuhause, nicht weit von Osaka und doch Lichtjahre von der hektischen Energie dieser Stadt entfernt. Soujiin war unsere Wahl aus über 50 *shokubo* auf dem Koyasan.

Soujiin ist ein aktives Kloster aus der Heian-Zeit (794 –1185). Ein Aufenthalt hier bietet ein umfassendes Erlebnis mit Meditation, *onsen*, *shojin ryori*, Abendessen und Frühstück. Wir schlüpften aus unseren Schuhen und ließen uns von unserem Gastgeber durch unheimliche Gänge aus poliertem Holz führen, die Kranich-Wandmalereien und Sakralobjekte zierten. Unser Zimmer war ein klassisches japanisches Gästezimmer mit duftenden *tatami*, warmen Hölzern, reizenden *katomado* (Blumenfenster) und dekorativen *fusuma* (bespannte Schiebetüren) mit teils jahrhundertealten Kunstwerken.

Genau wie wir werden Sie es kaum erwarten können, erst im heißen Quellwasser zu baden und dann zum Abendessen zu gehen – ein großartiges *Shojin-ryori*-Bankett auf pflanzlicher Basis aus frischen Produkten der Region, gekonnt zubereitet, wunderschön geformt und auf kleinen Tellern angerichtet. Um 6 Uhr morgens nahmen wir an der Meditations- und Gebetsstunde teil. Schweigend saßen wir in der Halle, sahen eingehüllt in Räucherwerkschwaden den Ritualen der Mönche zu – und wussten, dass wir dies immer in uns tragen würden.

Die Bedeutung des Koyasan kann nicht hoch genug geschätzt werden. Er ist sowohl Start- als auch Endpunkt des berühmten Shikoku-Pilgerwegs *(siehe S. 194f)*. Im Tempel wird kaum englisch gesprochen, was das Erlebnis noch authentischer macht. Schalten Sie ab, entspannen Sie sich und tragen Sie mit Ihren eigenen Meditationen zu der hier seit Jahrhunderten gepflegten Kontemplation bei.

鹿苑寺

ROKUOIN-TEMPEL

ARASHIYAMA

24 Sagakitabori-cho, Ukyo-ku, Kyoto

Bahnhof Randen-saga, dann zu Fuß (8 Minuten)

Der in aller Stille spektakuläre Rokuoin-Tempel der zen-buddhistischen Rinzai-Schule ist eines unserer Lieblingsziele im Herbst. Seine Geschichte reicht bis ins Jahr 1380 zurück. Er ist bekannt für seinen von Ahornbäumen gesäumten Hauptweg, der im Frühherbst, wenn sich die Blätter in leuchtenden Rot- und Goldtönen verfärben, zu einem achtsamen Spaziergang einlädt. Den langen, verträumten Steinweg zum Tempel sollte man langsam gehen und dabei über die geschnittenen Hecken und die verschlungenen Wurzeln der alten Bäume am Wegesrand nachdenken. Die Zen-Maxime »Sprich nicht. Es sei denn, es verbessert die Stille« ist hier unser Mantra.

Auf dem Gelände befindet sich ein kleines, preiswertes *shukubo* für Frauen (Männer können den Tempel besuchen, aber nicht bleiben). Hier schlafen Sie wie die Mönche vor Jahrhunderten in einem der sieben im japanischen Stil eingerichteten Zimmer mit *Shoji*-Schirmen, *tatami* und Futons. Schalten Sie Ihre technischen Geräte aus und leben Sie ganz im Jetzt. Morgens finden Predigten und Gebete statt, am Nachmittag *Zazen*-Sitzungen. Ein *Shojin-ryori*-Frühstück ist im Preis inbegriffen, alle Einrichtungen, einschließlich der Bäder, werden gemeinschaftlich genutzt. Hier ist man in jeder Hinsicht traditionell – samt Sperrstunde um 19:30 Uhr. Die Teilnahme an den ästhetischen Übungen wird erwartet. Buchungen sind nur per Telefon auf Japanisch möglich, also bitten Sie einen Japanisch sprechenden Bekannten oder den Gastgeber einer Ihrer anderen Unterkünfte um Hilfe. Wer den hektischen Alltag hinter sich lassen möchte, kann hier eine bodenständige japanische Erfahrung machen.

大本山永平寺

5-15 Shihi, Eiheiji-cho,
Yoshida-gun, Fukui

daihonzan-eiheiji.com

Bahnhof Fukui, dann mit dem Bus nach Eiheiji (30 Minuten)

DAIHONZAN-EIHEIJI-TEMPEL

FUKUI

Der Eiheiji (Tempel der ewigen Weisheit) aus dem Jahr 1244 ist einer der beiden Haupttempel der Soto-Schule. Der Tempel, der von der nahen Stadt Fukui aus zu erreichen ist und sich perfekt für einen Tagesausflug von Kyoto aus eignet, ist ein eindrucksvoller hölzerner Komplex aus 70 Gebäuden, die größtenteils durch überdachte Gänge miteinander verbunden sind. Die Anlage unterhalb des Bergs Atago ist von einem Wäldchen aus uralten hohen Zedern umgeben und erstrahlt im Wechsel der Jahreszeiten. Wenn man, untermalt von den Geräuschen der Natur und dem Klang der Glocken, schweigend auf den Wegen der buddhistischen Zen-Mönche spaziert, macht sich ein Gefühl der Ruhe breit.

Eine Übernachtung im Eiheiji ist eine fantastische Erfahrung. Spüren Sie der langen Geschichte des Tempels nach, bewundern Sie die große bronzene Glocke von 1327 und die *joyoden* (Gründerhalle), in der man der Asche früherer Meister täglich Essen serviert – ein kraftvolles Symbol für das Fortdauern ihrer Lehren. Die 100 Mönche, die der Tempel heute noch zählt, praktizieren wie einst die Meditationstechnik *shikantaza*, »nur Sitzen«, die der erste Zen-Meister des Eiheiji, Dogen, entwickelte.

Schlafen Sie in einem traditionellen japanischen Zimmer (mit Gemeinschaftsbad), essen Sie *shojin ryori*, meditieren Sie mit den Mönchen. Oder übernachten Sie im neuen Hakujukan-Hotel des Tempels im angrenzenden »Zen-Dorf«. Es wird von Mitarbeitern des Eiheiji betreut, die als »Zen-Concierges« fungieren. Die beeindruckenden Zimmer (mit Bad) sind eine moderne architektonische Interpretation des Zen. Entspannen Sie in der Zen-Bibliothek, meditieren Sie oder nehmen Sie ein Bad im *onsen* Kosuikai. Das Restaurant Suisen bietet unvergessliche vegetarische und regionale Gerichte. So können Sie sich intensiv den Erfahrungen im Tempel hingeben in dem Bewusstsein, dass Ihnen ein luxuriöses Zimmer als Rückzugsort zur Verfügung steht.

覚林坊

3510 Minobu, Minobu-cho, Minamikoma-gun, Yamanashi

kakurinbo.com

Bahnhof Minobu, dann mit dem Bus nach Minobusan und anschließend zu Fuß (10 Minuten)

KAKURINBO SHUKUBO

YAMANASHI

An den Ausläufern des Bergs Fuji liegt das *shukubo* Kakurinbo im Gyogakuin-Untertempel des Kuonji auf einem Tempelgelände, das seit Ende des 13. Jahrhunderts Heimat der buddhistischen Schule Nichiren-shu ist.

Von der Ankunft bis zur Abreise ist der Service im Kakurinbo beispielhaft. Die historischen Räume mit Holzdecken und zart bemalten Wandschirmen wirken im Halbdunkel des Nachmittags oder am frühen Morgen magisch. Die Spezialität des Kakurinbo sind *Kaiseki*-Bankette, bei denen Sie angesichts der Gerichte aus frischem Gemüse der Region Ihre übliche Ernährung überdenken werden. Serviert wird das Ganze auf wunderschönem Keramik- und Lackgeschirr, dazu gibt es das beliebte Kakurinbo-Tempelbier. Auf der Sakurajisu-Terrasse können Sie Wein aus dem nahe gelegenen Koshu-Tal genießen.

Frühmorgens machen Gebete den Kopf frei und stimmen ein auf die Kontemplation über die Schönheit der Tempelanlage samt dem berühmten Garten (mit Koiteich), den der Dichter und Zen-Meister Muso Kokushi Anfang des 14. Jahrhunderts anlegte. Yoga und das Kopieren von *sutra* werden inmitten der Natur praktiziert. Für perfekte Fotos auf dem herrlichen Gelände kleidet Sie das Kakurinbo in formelle Kimonos, das Café Zencho bereitet fantastische Mahlzeiten aus lokalen Zutaten, bekannte *omiyage* (Souvenirs) sind Nito-chan-Tee (Geißblatt, Matcha und Chrysantheme) und wundertätige Minobu-Wasser-Augentropfen.

Kakurinbo stellt E-Bikes für Touren zur Verfügung. Den nahen Kuonji-Tempel (»Ewigkeitstempel«) aus dem 13. Jahrhundert erreicht man über 287 Stufen (zum Glück haben Sie sich mit einem traditionellen japanischen Frühstück gestärkt). Der Aufstieg lohnt wegen der Aussicht auf die spektakuläre fünfstöckige Pagode, die Tempelglocke und über das Dorf Minobusan in der Tiefe. Es ist auf die Herstellung von Papier, Feuerwerkskörpern, Kalligrafien und Töpferwaren spezialisiert.

ACHTSAMER TIPP

Unbedingt sehenswert ist der nahe gelegene Motosu-See (40 Minuten Fahrt). Hier erleben Sie den berühmten Blick auf den Fuji, der auf dem 1000-Yen-Schein abgebildet ist.

大進坊宿坊

Toge-95, Haguro-machi, Tsuruoka, Yamagata

Vom Bahnhof Yamagata zum Bahnhof Tsuruoka, dann mit dem Bus zum Berg Haguro

DAISHINBO SHUKUBO

TSURUOKA, YAMAGATA

Die heilige Berggruppe Dewa Sanzan ist übersät mit Tempeln und sakralen Stätten, und dank der steten Pilger gibt es in dem ganzen Gebiet zahlreiche *shukubo*. In der Edo-Zeit (1603 –1867) erfreuten sie sich mit drei Millionen japanischen Pilgern auf spiritueller Suche großer Beliebtheit. Damals gab es in dem Gebiet 300 Unterkünfte, heute sind es noch 30.

Das rustikale authentische *shukubo* Daishinbo liegt auf dem Gelände des Sankoin-Tempels am Fuß der heiligen Berge (der Berg Haguro ist nur zehn Autominuten entfernt) und unweit der berühmten fünfstöckigen Pagode, die bei Nacht spektakulär beleuchtet ist. Hier schlafen Sie wie ein Reisender der Edo-Periode, blicken auf die gleichen perfekt geschnittenen Bäume und baden in den gleichen Gemeinschaftsbädern.

Das freundliche entgegenkommende englischsprachige Personal wird sich während Ihres gesamten Aufenthalts bestens um Sie kümmern. Freuen Sie sich auf Futons auf *Tatami*-Matten, frühmorgendliche Gebete und ein intensives, traditionelles Erlebnis. Für den Fall, dass Sie mit der Außenwelt in Kontakt treten möchten, steht Ihnen WLAN zur Verfügung. Bezwingen Sie unbedingt die steilen Steintreppen auf den nahe gelegenen Gassan, den »Mondberg« (der dem Mond ähnelt, wenn er mit Schnee bedeckt ist, daher der Name), um die unglaubliche Aussicht auf die Berggipfel zu genießen, die aus den wattigen Wolken aufragen. Das *shukubo* auf dem Dewa Sanzan hat seine eigene Version eines *shojin ryori* (vegetarisches Bankett) perfektioniert, darunter Speisen in fünf Farben und köstlichen Sesam-Tofu.

大進坊

善光寺 淵之坊

ZENKOJI FUCHINOBO SHUKUBO

NAGANO

462 Motoyoshi-cho, Nagano

zenkoji.jp

Bahnhof Nagano, dann mit dem Bus oder zu Fuß (30 Minuten)

Nagano entwickelte sich rund um den Zenkoji (Tempel des gütigen Lichts). Der Tempel bewahrt die (verborgen gehaltene) erste Buddha-Statue, die nach Japan gebracht wurde. Sie ist so bedeutsam, dass nur bei seltenen Gelegenheiten (einmal alle sechs Jahre im Frühjahr) eine Kopie gezeigt wird, der ebenfalls große Ehrfurcht entgegengebracht wird. Besichtigen Sie die Haupthalle und steigen Sie in den Keller hinab, um im Dunkeln den »Schlüssel zum Paradies« zu ertasten – einen realen, an einer Wand befestigten Schlüssel, der dem, der ihn berührt, Heil bringen soll. Im beeindruckenden *Sutra*-Speicher (1759) drehen Sie den *Sutra*-Behälter (1694), um Erleuchtung zu erlangen.

Auf dem Tempelgelände bietet das Zenkoji Fuchinobo Shukubo (1985) moderne Unterkünfte. Sie haben die Wahl zwischen Zimmern im westlichen oder japanischen Stil, jeweils mit Gemeinschaftseinrichtungen. Ein Besuch des Gemeinschaftsbads ist ideal nach den Gebeten bei Sonnenaufgang. Die Unterkunft ist berühmt für ihr *shojin ryori* aus frischen regionalen Zutaten, das in einem prächtigen Gemeinschaftssaal serviert wird.

Kaufen Sie eine Eintrittskarte für das innere Heiligtum und nehmen Sie an der Morgenandacht (O-Asaji) teil, die nach Sonnenaufgang beginnt. Michelle war begeistert vom eindrucksvollen Habit der Mönche und den riesigen goldenen Laternen. Auf Wunsch werden Gebetsandachten für verstorbene Angehörige gehalten – eine bewegende und kathartische Erfahrung.

別府禅リトリート

BEPPU ZEN RETREAT

OITA

3462-4 Toyooka, Hiji-machi, Hayami-gun, Oita

beppuzenretreat.com

Vom Bahnhof Beppu zum Bahnhof Bungo-Toyooka, dann zu Fuß (15 Minuten)

Beppu ist eines unserer Lieblingsziele auf Kyushu. Die *Onsen*-Stadt ist berühmt für ihre feurigen »Höllen« – heiße Quellen, die auf ihrem Weg an die Oberfläche dampfen, wallen, brodeln und spritzen. Dank der entspannenden *onsen* entlang der kurvigen Straßen in der Stadt und ihrer Umgebung ist das gut gelaunte Beppu wunderbar geeignet, die Seele baumeln zu lassen. Wenn Sie das Ruhe gebende Beppu Zen Retreat als ein Ziel auf Ihrer Kyushu-Tour aufnehmen, können Sie in die Natur eintauchen, Stress und Sorgen mit den Dampfwolken aus den Beppu-Höllen davonschweben lassen.

Das Beppu Zen Retreat befindet sich im Gyateiji. Der Rinzai-Zen-Tempel von 1346 wird auf der einen Seite von Bergen flankiert und bietet auf der anderen Seite einen fantastischen Meerblick. Seit drei Generationen ist er im Besitz der Familie Kodo. Der Zen-Mönch Yodo Kono, einst Physiklehrer, widmet sein Leben nun der Zen-Praxis. Das Retreat, das liebevoll als eine Mischung aus Tempel- und Privatunterkunft bezeichnet wird, ist eine Familienangelegenheit. Konos Frau unterrichtet Kalligrafie, und seine Mutter verfügt über eine beeindruckende 45-jährige Erfahrung in der Teezeremonie. Bei den Mahlzeiten werden Sie oft als helfende Hand miteinbezogen, daher sollten Sie einen Kochkurs in Ihr Programm aufnehmen.

Beim *zazen* (Meditation) vor Ort lernen Sie, sich selbst und Ihre Umgebung äußerst bewusst wahrzunehmen und sich von rasenden Gedanken und Negativität zu befreien. Für diese intensive Erfahrung ist jeweils nur eine kleine Anzahl von Gästen für fünf oder mehr Tage auf dem Tempelgelände untergebracht.

対馬聖山寺

1453 Kokubu, Izuhara-machi,
Tsushima, Nagasaki

seizanji.com

Vom Hafen Hakata zum
Hafen Izuhara, dann zu Fuß
(5 Minuten)

TSUSHIMA-SEIZANJI-TEMPEL

INSEL TSUSHIMA

Die gebirgige grüne Insel Tsushima in der Koreastraße, die man von Hakata aus mit dem superschnellen Jetfoil-Tragflügelboot oder der Fähre erreicht, bietet zum einen unvergessliche Naturwanderungen und zum anderen die berühmten Leopardkatzen, die sich durch ihr wunderschönes, dicht geflecktes Fell und ihren geschmeidigen Körperbau von Hauskatzen unterscheiden. Im Tsushima Seizanji genießt man einen Tempelaufenthalt fernab von Menschenmassen und Lärm, bei dem Erholung und Ruhe im Vordergrund stehen.

Der Mitte bis Ende des 9. Jahrhunderts erbaute Tempel bietet sowohl einen Blick auf das Meer als auch auf die Berge (mit dem zusätzlichen Vorteil, dass man von hier aus auch die Stadt Izuhara sehen kann). Sie können den Tempel für einen Tag besuchen und *Zazen*- und *Sutra*-Angebote wahrnehmen samt Morgengebeten, Reis-Porridge und Pickles oder Tee und Süßigkeiten, die Sie in dem schönen Tempelgebäude und auf dem Gelände genießen können.

Wir lieben es, auf Futon und *tatami* in einem klassischen japanischen Zimmer zu schlafen und uns vorzustellen, wie die Mönche vor Jahrhunderten gelebt haben. Es gibt aber auch Zimmer mit westlichem Bett und Fernseher. Zur Entspannung und Erholung stehen Gemeinschaftsräume zur Verfügung, zum Lernen und Arbeiten kostenloses WLAN. Schlendern Sie durch die hölzernen Gänge und beobachten Sie das Licht- und Schattenspiel auf den *Shoji*-Schirmen. Gehen Sie ins Gemeinschaftsbad, bevor Sie ein stärkendes Abendessen zu sich nehmen. Wachen Sie im Morgengrauen auf und sehen Sie dem Sonnenaufgang über den Bergen zu. Das Gelände und die Umgebung eignen sich hervorragend zum Wandern und Radfahren, und dank der Insellage hat man im Tsushima Seizanji das Gefühl, den Alltag ganz und gar hinter sich zu lassen.

心を満たす庭園

Achtsame Gartenbesuche

WISSENSWERT

Die Nachsilbe *-en* bedeutet Garten.

Von Kaisern, Mönchen und Samurai geschaffen, werden japanische Gärten seit Generationen in allen Bevölkerungsschichten verehrt. Die Ursprünge der japanischen Gärten gehen auf das 7. Jahrhundert zurück, als Reisende tief beeindruckt von den dortigen Gärten aus China zurückkehrten.

Japanische Gärten entsprechen dem *Wabi-sabi*-Prinzip der Vollkommenheit in der Unvollkommenheit. Die Wege sind nicht gerade, sondern schlängeln sich. Ein Blatt flattert zu Boden und landet auf einem geharkten Trockengarten. Baumrinde altert und setzt Patina an. Eine scheinbar unpassende Brücke überspannt einen Wasserlauf. In japanischen Gärten tauchen immer wieder auffällige Elemente auf wie Wasserspiele (Seen, Teiche und Wasserfälle), Brücken, Trittsteine und kleine Inseln. Wunderschöne, farbenprächtige Kois schwimmen in Schwärmen durch die Gewässer und ziehen die Blicke der Betrachter auf sich. Zur typischen Bepflanzung gehören Kirsch-, Pflaumen-, Ahorn- und Ginkgobäume, Koniferen, Hortensien, Glyzinien, Pfingstrosen, Seerosen und Farne. Sie alle sind sorgfältig platziert, um ihre Schönheit zu unterstreichen, und für einen möglichst eindrucksvollen Effekt in großen Gruppen gepflanzt. Die inspirierenden Elemente der Gärten werden auch in den japanischen Alltag übernommen in Form von Topfpflanzen vor den Häusern, *kokedama* (Mooskugeln, die von den Dachvorsprüngen hängen), winzigen Höfen in Restaurants sowie Samenschoten und Trockenblumen in den Auslagen der Läden.

Einen Zen-Garten zu besuchen, war einer der Hauptgründe, weshalb wir für unsere erste Japan-Reise sparten. Als ersten Garten besichtigten wir den Nanzenji *(siehe S. 30)*. Mittlerweile haben wir jedoch eine Vorliebe für verschiedenste Gartenstile entwickelt, vor allem für die Samurai-Wandelgärten, die wir zur Entspannung in Großstädten besuchen können. Die Gärten wurden von der herrschenden Elite zum Flanieren angelegt und dienten dem Vergnügen der Feudalherren und Samurai, sind aber inzwischen öffentliches Gut geworden. Zu vielen unserer Lieblingsgärten gehören traditionelle Teehäuser, in denen wir bei Matcha und *wagashi* rasten und dabei die der Jahreszeit entsprechende Schönheit der Bäume und Blumen bewundern. Bringen Sie ein Picknick mit, setzen Sie sich keinesfalls unter Zeitdruck, nehmen Sie Platz, spazieren Sie herum, sehen Sie sich um und seien Sie einfach da. Auch wenn die meisten der von uns aufgeführten Gärten in der Stadt leicht zu erreichen sind, stellen wir auch einige unserer Lieblingsgärten vor, für die sich eine Reise lohnt.

Während des Covid-Lockdowns kam uns die Idee, uns daheim von unserem Landschaftsarchitekten Michael einen kleinen japanischen Garten anlegen zu lassen, damit wir bei einer Tasse grünem Tee einige unserer schönsten Erinnerungen wieder aufleben lassen können.

Vorhergehende Seite und rechte Seite oben links: Ritsurin-Garten; *rechte Seite oben rechts:* Tee und Süßes im Rikugien-Garten; *rechte Seite unten:* Garten des Adachi Museum of Art

兼六園

1 Kenroku-machi, Kanazawa, Ishikawa

pref.ishikawa.jp/siro-niwa/kenrokuen

Bahnhof Kanazawa, dann mit dem Bus zum Park der Burg Kanazawa

KENROKUEN-GARTEN

KANAZAWA

Bei einem Spaziergang durch den Kenrokuen versteht man schnell, warum er als einer der schönsten Gärten Japans gilt und zu den »Drei berühmten Gärten Japans«, den drei wichtigsten traditionellen japanischen Landschaftsgärten, zählt. Der in der Edo-Zeit (1603 –1867) von den Feudalherren von Kaga gegründete Kenrokuen wurde ursprünglich als privater Wandelgarten angelegt und so konzipiert, dass sich an jeder Biegung immer wieder neue Schönheit enthüllt. Sein Name, »Garten der gleichzeitigen sechs Attribute«, bezieht sich auf die Qualitäten eines perfekten Gartens: Weitläufigkeit, Abgeschiedenheit, Kunstfertigkeit, Althergebrachtes, fließendes Wasser und Panoramablick. Die Landschaft stellt auch Aspekte der Literatur dar, enthält Anspielungen auf Texte von *No*-Gesängen und bildet bekannte Merkmale anderer Wahrzeichen nach.

Der Garten besitzt eine beeindruckende Zahl von Teichen, die durch gewundene Wasserläufe miteinander verbunden sind. Es gibt kleine Haine, und im Unterholz sind märchenhafte Häuschen und Skulpturen. Im Frühjahr überzieht die *sakura* (Kirschblüte) die Brücken und Teiche mit einem rosa Baldachin und leuchtet nachts in einem herrlichen Dunkelrosa. Wir besuchten den Park zum ersten Mal im Herbst, als die Blätter der Ahornbäume zu Boden fielen und den Park in ein Meer aus Gelb und Gold verwandelten. Als wir in der Abenddämmerung noch einmal zurückkehrten, erstrahlte das Teehaus Yugao-tei (1774) am See in warmem gelbem Licht.

Eine Besonderheit des Gartens sind die Yukitsuri. Diese auf dem Kopf stehenden, kegelförmigen Seilkonstruktionen schützen die Bäume vor Schäden durch das Gewicht des Schnees. Er beherbergt zudem historische Schätze wie den ältesten Brunnen Japans, die zweibeinige Steinlaterne Kotoji-toro, die »Brücke der fliegenden Wildgänse« und die Kaiseki-Steinpagode. An diesen wahrlich bemerkenswerten Ort werden Sie im Garten Ihrer Gedanken immer wieder zurückkehren.

醍醐寺

DAIGOJI-TEMPELGARTEN

KYOTO

22 Daigohigashioji-cho
Fushimi-ku, Kyoto

daigoji.or.jp

Bahnhof Daigo, Ausgang 2, dann zu Fuß (10 Minuten)

Die buddhistische Tempelanlage der Shingon-Schule gehört zum UNESCO-Welterbe. Sie erstreckt sich an einem Berghang im Südosten Kyotos und bietet eine Fülle von Entdeckungen für leidenschaftliche Spaziergänger. Üppig bepflanzte Haine erstrahlen zu allen Jahreszeiten. Viele Gebäude sind von großer historischer Bedeutung, wie die Tempelresidenz Sanboin, in der der Tempelvorsteher lebt. Die Anlage ist auch für das erste Kirschblütenfest 1598 bekannt, als der japanische Feldherr Toyotomi Hideyoshi ein Fest für seine Gäste ausrichten ließ und dafür die Pflanzung von rund 300 Kirschbäumen in Kyoto veranlasste.

Wir lieben Sanboins wunderschönen Trockengarten und den kleinen See, der sich perfekt für einen kurzen Spaziergang eignet. Die fünfstöckige Pagode aus dem Jahr 951 auf dem Shima-Daigo-Areal ist das älteste Gebäude Kyotos. Spektakuläre Trauerkirschbäume mit knorrigen Ästen stehen an verschiedenen Stellen des Gartens, vor allem in der Nähe des Reihokan-Museums – die beste Zeit für einen Besuch dort ist Anfang April.

Obwohl die Kirschblüte in der Geschichte des Daigoji-Gartens eine wichtige Rolle spielt, so ist er doch in erster Linie ein Herbstgarten. Die Ausblicke auf das verblichene Gold und die leuchtenden Rot- und Gelbtöne des Herbstlaubs sind ein einzigartiges Vergnügen. Der Daigoji-Tempel bietet eine fantastische Szenerie, wenn sein See, über den eine zinnoberrote Brücke zur prächtigen Bentendo-Halle führt, von herrlich bunten Herbstbäumen umgeben ist. Die Komposition aus See, Brücke und Halle im strahlend feurigen Farbenspiel des Herbsts zählt zu den schönsten Fotomotiven in Kyoto.

偕楽園

KAIRAKUEN-GARTEN

MITO

1-3-3 Tokiwa-cho, Mito, Ibaraki

ibaraki-kairakuen.jp/access

Vom Bahnhof Mito mit dem Bus zur Haltestelle Kairaku-en oder zu Fuß auf dem Uferweg des Senba-Sees (30 Minuten)

Der Kairakuen ist ein weiterer der »Drei berühmten Gärten Japans«. Er zeichnet sich durch seine Yin-Yang-Gartenphilosophie und seine Pflaumenbäume aus. Der 1841 von dem Feudalherrn Tokugawa Nariaki angelegte Kairakuen war von Anfang an auch für Mitglieder der Arbeiterklasse zugänglich – ganz im Gegensatz zu den beiden anderen »berühmten« Gärten, in denen damals nur die herrschende Elite spazieren gehen durfte.

Die Kirschblüte *(sakura)* ist zwar die berühmteste Blüte Japans, doch die Pflaumenblüte besitzt eine ganz eigene Faszination. Der Kairakuen zeigt auf spektakuläre Weise, welch wahrlich atemberaubender Effekt durch Flächenbepflanzung (im Garten stehen schätzungsweise 3000 Pflaumenbäume von 100 verschiedenen Sorten) erzielt werden kann. Die beste Zeit für einen Besuch ist Ende Februar und März. Dann können Sie nicht nur die klassische weiße Pflaumenblüte, sondern auch rosafarbene und rote Blüten bewundern.

Wir lieben den spektakulären *shakkei* (»geborgte Landschaft«) genannten Blick auf den Senba-See, den man am besten von der obersten Etage des Kobuntei, eines traditionellen dreistöckigen Pavillons, aus genießen kann. Der Garten bietet auch einen stimmungsvollen Bambushain, hohe Zederngehölze sowie den historischen Quellbrunnen To-gyoku-sen, dessen kostbares, noch immer sprudelndes Wasser einst für die Teezeremonie im Teehaus Karoan verwendet wurde.

足立美術館

GARTEN DES ADACHI MUSEUM OF ART

YASUGI

320 Furukawa-cho, Yasugi, Shimane

adachi-museum.or.jp

Bahnhof Yasugi, dann mit dem Shuttlebus

Yasugi und die umliegende Präfektur Shimane bieten eine Fülle von unvergesslichen Erlebnissen abseits der üblichen Touristenpfade. Ein Höhepunkt ist das Adachi Museum of Art, dessen Garten in den letzten 18 Jahren immer wieder zum »Besten Garten Japans« gekürt wurde.

Das Museum war der Lebenstraum des lokalen Geschäftsmanns, Kunstsammlers und leidenschaftlichen Gärtners Zenko Adachi. Es wurde 1970 eröffnet, als er bereits 71 Jahre alt war. Er engagierte die Besten, um seinen Traum zu verwirklichen, die Schönheit der modernen japanischen Kunst und der japanischen Gärten in einem inspirierenden Komplex zu vereinen. Mit der Gestaltung des Gartens wurde der berühmte zeitgenössische Landschaftsarchitekt Kinsaku Nakane betraut, und Adachi hatte eindeutig Sinn für Stil.

Das Museum beherbergt eine Sammlung moderner und zeitgenössischer Gemälde, wobei die Werke von Yokoyama Taikan, der nach Ansicht von Adachi eine besondere Affinität zur Natur hatte, zu den wertvollsten gehören. Zwar kann man diesen wunderbaren Garten nicht begehen, aber man kann ihn von verschiedenen Fenstern, Plattformen und Außenbereichen des Museumskomplexes aus betrachten. Auf diese Weise wird der Garten selbst zu einem Ausstellungsstück als eine lebende Leinwand, auf der sich verschiedene spektakuläre Ausblicke eröffnen, während man sich durch das Gebäude und die verschiedenen Gänge bewegt.

Die weitläufige Oase ist in fünf Grünanlagen unterteilt, die sich über 165 000 Quadratmeter erstrecken. Wir betrachteten den Moosgarten, den Trockengarten, den Teich, den weißen Kiesgarten mit Kiefern und den Wasserfallgarten. Als wir uns entlang der Anlage bewegten, blickten wir fasziniert auf die gewundenen weißen Wege, großen Felsen und das satte Grün unter dem hellen Blau des Sommerhimmels. Die bergige Landschaft im Hintergrund lässt die perfekt gestalteten Räume fast wie aus einer anderen Welt erscheinen.

Im Café Midori hat man Logenplätze in diesem Gartentheater. Hier können Sie zum Kaffee gebannt die spektakuläre Aussicht genießen. Bei unserem nächsten Besuch werden wir im Teehaus Juraku-an Tee trinken und den Garten von den beiden langen Fenstern aus wie »lebendige Schriftrollen« bestaunen.

横浜 三溪園

SANKEIEN-GARTEN

YOKOHAMA

58-1 Honmokusannotani, Naka-ku, Yokohama

sankeien.or.jp

Bahnhof Yokohama, Ostausgang, dann mit der Buslinie 8 oder 148 zur Haltestelle Sankeien-iriguchi, anschließend zu Fuß (5 Minuten)

Der Sankeien wurde um 1900 von dem Seidenhändler Hara Sankei angelegt und zeugt als einer der beeindruckendsten Wandelgärten Japans von Yokohamas Bedeutung als Handelshafen. Das weitläufige, an der Küste gelegene Gelände ist bekannt für seine Kirschblüte und die Wege durch grüne Natur, die die Besucher das Stadtleben vergessen lassen und ihnen das Gefühl geben, im ländlichen Japan oder in den heiligen Hainen von Kyoto zu spazieren.

Ursprünglich war nur der Äußere Garten für die Öffentlichkeit zugänglich – den Inneren Garten behielt Sankei als Privatpark für sich. 1953 wurde dann die gesamte Anlage für Publikum geöffnet. Im Wechsel der Jahreszeiten können hier verschiedene spektakuläre Blüten bewundert werden, unter anderem Kirsche und gelbe Rosen im Frühling, Seerosen und Lotus im Sommer, Buschklee im Herbst sowie Pflaumen und Narzissen im Winter.

Auf dem Gelände stehen bemerkenswerte Gebäude, die aus verschiedenen Orten Japans »importiert« wurden, so die dreistöckige Pagode aus dem Tomyoji-Tempel in Kyoto, die majestätisch über den Bäumen aufragt, eine beeindruckende Haupthalle, ebenfalls aus dem Tomyoji, und die buddhistische Halle des Tokeiji (1457), die als ältestes Holzbauwerk in Kanto gilt. Zu unseren Lieblingen gehören die schönen Teehäuser Kinmokutsu und Choshukaku sowie eine umgestalteter Nachbau des Sankei-Familiensitzes Kakushokaku. Das Bauernhaus der Familie Yanohara im *Gassho-zukuri*-Stil zählt ebenfalls zu den herausragenden Schätzen des Gartens. Aber man kann noch viel mehr entdecken, wenn man über das Gelände schlendert – das ist einer der besonderen Vorzüge des Sankeien.

小石川後楽園

KOISHIKAWA-KORAKUEN-GARTEN

TOKYO

1-6-6 Koraku, Bunkyo-ku, Tokyo

www.tokyo-park.or.jp/teien/en/koishikawa

Bahnhof Suidobashi, Westausgang, dann zu Fuß (5 Minuten)

Es ist nicht immer leicht, in einer hektischen Stadt wie Tokyo achtsam zu sein. Der Koishikawa Korakuen ist ein Zufluchtsort mitten im Stadtzentrum, der Sie so weit aus dem Betondschungel herausführt, dass Sie schwören werden, Sie seien viele Stunden gereist und hätten ein verstecktes Fleckchen Erde entdeckt. Der Koishikawa Korakuen, ein Juwel aus der Edo-Zeit und einer der drei verbliebenen Gärten der japanischen Feudalherren, ist ein perfektes Fleckchen Grün in direkter Nachbarschaft der gigantischen Kuppel der Tokyo Dome City.

Wie andere Landschaftsgärten auch stellt der Koishikawa Korakuen bemerkenswerte chinesische und japanische Landschaften nach. Hierfür wurden natürliche und künstliche Materialien zu den gewünschten Szenerien gestaltet, die von verschiedenen Aussichtspunkten entlang der Spazierwege zu sehen sind. Die beliebte steinerne »Vollmond«-Brücke, die sich über den See wölbt und sich im Wasser so spiegelt, dass sie einen Kreis ergibt, wurde unter Beratung des konfuzianischen Gelehrten Shu Shunsui entworfen. Ein besonderer Anblick ist auch die leuchtend zinnoberrote hölzerne Tsutenkyo-Brücke – ein perfektes Fotomotiv.

Dank der in großen Gruppen gepflanzten Herbstbäume ist der Garten Ende November und Anfang Dezember besonders reizvoll, obwohl die *sakura* Ende März natürlich ebenfalls sehr schön ist. Der Koishikawa Korakuen in nächster Nähe zum nördlichen Eingang der Gärten des Kaiserpalasts ist ein perfektes Ziel für einen intensiven Gartentag. Wie sein Namensvetter in Okayama ist auch er für das »spätere Genießen« *(korakuen)* gedacht, erledigen Sie also gegebenenfalls anstrengende Einkäufe lieber vorher.

六義園

6-16-3 Honkomagome,
Bunkyo-ku, Tokyo

tokyo-park.or.jp/teien/en/rikugien

Bahnhof Komagome, Südausgang, dann zu Fuß (7 Minuten)

RIKUGIEN-GARTEN

TOKYO

Der Rikugien ist ein bedeutender Landschaftsgarten der Edo-Zeit, eine grüne Oase im leicht erreichbaren Tokyoter Bezirk Bunkyo. Als Inbegriff des Mottos »klein, aber fein« kann er innerhalb einer Stunde bequem zu Fuß erkundet werden. Der Rikugien liegt rund um einen schönen See mit einer Insel in der Mitte und ist wunderbar geeignet, um im Herbst bunte Ahornblätter und im Frühling die rosa *sakura* zu bewundern, die beide nachts fantastisch angestrahlt werden. Angesichts der dicken Kois in den Gewässern und der Wildvögel, die über das Wasser fliegen oder in den Bäumen nisten, fühlt man sich hier weit entfernt von der Hektik des Alltags. Wenn Ende März die Kirschbäume ihr rosa Blütenkleid überziehen, ist der Garten ein Lieblingsziel vieler Tokyoter.

Der Rikugien wurde unter Leitung von Yoshiyasu Yanagisawa, einem Vertrauten des fünften Tokugawa-Shoguns, angelegt und 1702 vollendet. Sein Name bedeutet »Garten der sechs Prinzipien« und bezieht sich auf die sechs Elemente der traditionellen, chinesisch beeinflussten *Waka*-Dichtkunst. Der Rikugien umfasste einst 88 verschiedene Areale, die auf der Grundlage von Zeilen aus berühmten *Waka*-Gedichten angelegt wurden und jeweils mit einem Stein markiert waren. Heute sind davon nur noch 32 Markierungen vorhanden. 1878 erwarb der Gründer des Mitsubishi-Konzerns, Yataro Iwasaki, den Garten, ließ ihn in seine frühere Pracht zurückversetzen und machte ihn 1938 der Öffentlichkeit zugänglich.

Als Michelle und ihre Freundin Hiki den Rikugien einmal im Herbst besuchten, trug Michelle einen Kimono in Herbstfarben – ein Familienerbstück von Hikis Mutter. Hikis Kimono zierten blaue Schmetterlinge. Nach Tee und *wagashi* im Teehaus Fukiage aus der Meiji-Zeit (1868 –1912) machten sie Aufnahmen vom Laub und fotografierten sich gegenseitig im Grünen und auf den vielen Brücken, die die Seen und Bäche des Gartens überspannen.

後楽園

KORAKUEN-GARTEN

OKAYAMA

1-5 Korakuen,
Kita-ku, Okayama

okayama-korakuen.jp

Vom Bahnhof Okayama mit dem Direktbus

Der 1700 angelegte und 1863 modernisierte Korakuen gehört mit dem Kenrokuen (*siehe S. 160*) und dem Kairakuen (*siehe S. 163*) zu den drei am höchsten geschätzten Wandelgärten Japans. Er ist ein wunderschöner Landschaftsgarten mit vielen reizvollen Ausblicken. Große Teiche, Bäche und gewundene Steinpfade erzählen eine Geschichte, während Sie durch den Garten gehen. Erklimmen Sie den Yuishinzan-Hügel, von dem aus Sie den gesamten Garten überblicken können, und bewundern Sie die nahe gelegene Burg Okayama, die zu einer *shakkei* (geliehenen Kulisse) wird. Zu den Besonderheiten gehören das Samurai-Haus Enyo-tei, ein traditioneller Bogenschießplatz und eine Kranich-Volière.

Bei der reichen Bepflanzung wurde der Schwerpunkt auf Kirsch- und Pflaumenhaine gelegt. Die Pflaumen blühen Ende Februar bis Anfang März, die Kirschblüte ist Ende März bis Anfang April zu sehen. Die Trauerkirschen an der Eisho-Brücke sind ideal, wenn Sie Ende April kommen und *hanami* verpasst haben. Beeindruckend sind zudem die Azaleen, Schwertlilien, Pfingstrosen und Lotusblumen. Im formalen Garten faszinierte uns das Raster aus neun Reisfeldern, das auf einer konfuzianischen Steuerphilosophie basiert.

Nachdem wir einmal mitten im Winter den Garten bewundert und durch den Hintereingang die Burg Okayama besichtigt hatten (die Eintrittskarte erlaubt den erneuten Zugang), kehrten wir in das schöne Fukuda-Teehaus des Gartens ein. Dort tranken wir dringend benötigten heißen Matcha und aßen die Spezialität des Teehauses, *kibidango* (süße Hirseklöße), während wir die malerische Gartenszene durch das große runde Fenster bewunderten.

栗林公園

1-20-16 Ritsurin-cho,
Takamatsu, Kagawa

my-kagawa.jp/ritsuringarden

Bahnhof Ritsurin-Koen
Kitaguchi, dann zu Fuß
(10 Minuten)

RITSURIN-GARTEN

TAKAMATSU

Wenn Sie die Kunstinseln Naoshima und Teshima besuchen, machen Sie es doch wie wir: Nehmen Sie die Fähre, übernachten Sie in Takamatsu und beginnen Sie den nächsten Tag mit einem Gartenspaziergang im Ritsurin. Er wird häufig als vierter der »Drei berühmten Gärten Japans« angesehen, und seine beeindruckende Geschichte reicht bis 1642 zurück. Seit 1875 ist er öffentlich zugänglich. Der Ritsuin besitzt als einer der am besten erhaltenen Gärten aus der Edo-Zeit viele der Elemente, dank deren die Gärten dieser Epoche in Japan so beliebt sind.

Der als Wandelgarten angelegte Park ist in eine Reihe von Ansichten unterteilt, die man beim Spazierengehen nach und nach entdeckt. Michelle besuchte ihn zum zweiten Mal zusammen mit zwei Freundinnen am frühen Morgen. Sie schlenderten durch den Garten, als wäre es ihr eigener privater Hinterhof. Ein freundlicher, Englisch sprechender Parkmitarbeiter nahm sich die Zeit, ihnen die Geschichte des Gartens zu erzählen, und begleitete sie zum Hiraiho-Hügel, der, wie er erklärte, dem Berg Fuji nachempfunden ist und den besten Ausblick bietet.

Das Panorama vor dem *Tatami*-Raum des Kikugetsutei-Teehauses ist faszinierend. Während die in Kimonos gekleideten Gastgeber Tee servieren, kann man an allen vier Seiten einen atemberaubenden Blick auf den Garten samt der bezaubernden Engetsukyo, der »Mondsichel«-Brücke, über den Südteich genießen.

Der Ritsurin wandelt sich mit den Jahreszeiten und ist vor allem im Frühling wegen der Kirschblüte und im Herbst wegen der leuchtenden Farben populär. Besonders beliebt sind seine Kiefern, allen voran die »drei großen Kiefern« Hakomatsu (geometrisch beschnittene Schwarzkiefer), Neagari Goyomatsu (eine seltene japanische Weißkiefer, die aus einem Bonsai gewachsen ist) und Tsurukamematsu (die einem Kranich auf einer Schildkröte gleicht). Unternehmungslustige entdecken den Garten mit einem Boot vom Wasser aus.

由志園

YUUSHIEN-GARTEN

INSEL DAIKONJIMA

In Matsue bietet der Yuushien auf Daikonjima (Rettichinsel) mitten im Nakaumi-See eine spektakuläre Blumenpracht abseits des Touristenrummels. Seit über 300 Jahren ist die Präfektur Shimane für ihre Pfingstrosen und den koreanischen Ginseng bekannt, die beide in diesem Garten stolz zur Schau gestellt werden.

Der Garten erstreckt sich über beeindruckende 40 000 Quadratmeter, wirkt aber dennoch sehr privat, wenn man entlang der Wasserwege zwischen den konzeptionell angelegten Bepflanzungen und perfekt gepflegten Bäumen hin und her spaziert. Nehmen Sie sich Zeit für die traditionelle Teezeremonie im Teehaus Ichibo, während Sie am Ryuukeidaki-Wasserfall über die Geschichte des achtköpfigen Drachen sinnieren.

1260-2 Yatsuka-cho,
Hanyu, Shimane

yuushien.com

Vom Bahnhof Matsue mit dem Bus 70-1, 70-2 oder 70-3 über den Damm zur Insel

Die saisonale Bepflanzung ist sorgfältig ausgewählt, um die Schönheit der Blumen hervorzuheben. Die Pfingstrosen im Päonienhaus blühen das ganze Jahr über. Wenn Sie jedoch das Glück haben, zwischen Ende Mai und Anfang Juni hierherzukommen, ist das Pfingstrosenfest ein wahrer Augenschmaus. Dann blühen rund 20 000 japanische Pfingstrosen in voller Pracht und werden in der Abenddämmerung beleuchtet. In den Gewässern bilden mehr als 3000 treibende Blüten ein Meer aus verschiedensten Rosatönen, so weit das Auge reicht. Im Yuushien gedeihen unglaubliche 250 Sorten, darunter auch seltene Winterpfingstrosen, die in den kälteren Monaten in voller Pracht erstrahlen.

Bringen Sie ein Picknick mit oder essen Sie in einem der drei feinen Restaurants Gerichte aus frischen lokalen Produkten, die teilweise mit koreanischem Ginseng aus dem Garten gewürzt werden. Planen Sie für Ihren individuellen achtsamen Aufenthalt in der Präfektur Shimane auch den Besuch des Adachi Museum of Art *(siehe S. 164f)* mit ein, übernachten Sie im Koyokan Ryokan *(siehe S. 124f)* und nehmen Sie sich Zeit für ein entspannendes Bad im Matsue Shinjiko Onsen.

心を満たす森林浴

Achtsames Waldbaden

Die Bezeichnung *shinrin yoku* (Waldbaden) wurde erst 1980 vom japanischen Ministerium für Landwirtschaft, Forstwirtschaft und Fischerei eingeführt, als man erkannte, dass viele Japaner Zugang zur Natur brauchten, um den negativen Auswirkungen eines zu langen Aufenthalts in den Großstädten entgegenzuwirken. Im Hochsommer zieht es viele Japaner in den Wald statt an den Strand. Wie ein Bad im Meer oder in einem *onsen* entspannt das »Baden« in der natürlichen Umgebung eines Walds – es hilft, Positives aufzunehmen und Negatives loszulassen. Wenn Sie Ihre technischen Geräte für einen Tag ausschalten, können Sie Ihre Einstellung völlig neu ausrichten. Die Waldtherapie stellt die Verbindung zwischen Mensch und Natur wieder her. Die Schwingungen, die man empfängt, wenn man einen uralten Baum umarmt, tragen dazu bei, die Produktion von Stresshormonen zu verringern und Harmonie und Ausgeglichenheit wiederherzustellen. Dadurch werden in Ihrem Kopf Räume frei, die Sie kreativen Tätigkeiten widmen können. Die Bewegung senkt den Blutdruck und fördert die Fitness, was wiederum zur Stärkung des Immunsystems beiträgt.

Wenn ein Baum im Wald umfällt, und keiner hört es, macht er dann überhaupt ein Geräusch? Über diese uralte Frage können Sie nachdenken, während Sie tief in die Natur eintauchen, Moos untersuchen, die Baumrinde fühlen und beobachten, wie die Lichtstrahlen sporadisch auf Sie treffen, während Sie versuchen, sich ihren Weg durch das dichte Laub des Walds zu bahnen.

Japan verfügt über ein faszinierendes Spektrum an Landschaften. Gebiete mit rauer, unberührter Natur mit dichten Wäldern und Wasserfällen bieten sowohl Anfängern als auch geübten und ambitionierten Wanderern unvergessliche Touren. Wir sind hier schon durch den Schnee gestapft, um Affen beim Baden in heißen Quellen zu beobachten, im Hochsommer zu *onsen* im Freien gewandert und haben bei zahlreichen Waldspaziergängen die unglaubliche Herbst- und Frühlingsfärbung der Bäume bewundert.

Japans Wälder sind urwüchsig und uralt, grün und üppig, bedecken Berge und Täler. Sie können fast undurchdringlich oder von einfachen bis schwierigen Wanderwegen durchzogen sein, in der Nähe von Städten oder weit entfernt davon liegen und in beiden Fällen ein überaus lohnendes Ziel sein. Sie können bedeutende Sehenswürdigkeiten beherbergen oder selbst bedeutend sein, moosbedeckt oder voll hoher Zedern. Ganz gleich, ob Sie nur für einen Tag entfliehen oder eine Trekkingtour unternehmen, der Wald wird Sie bereichern, umarmen und umfangen.

Vorhergehende Seite: Minoo-Park; *rechte Seite oben links:* Sagano-Bambuswald; *rechte Seite oben rechts:* Insel Yakushima; *rechte Seite unten:* Berg Takao

苔の森

Yakori, Sakuho,
Minamisaku-gun, Nagano

Bahnhof Chino, dann
mit dem Bus (1 Stunde)

KOKENOMORI

SAKUHO

Der Wald erstreckt sich rund um den friedlichen Shirakoma-Teich in der östlichen Bergkette der Präfektur Nagano in dem üppig grünen Gebiet zwischen den Bergen Aka und Morai. Das Klima in dieser Region prägen regelmäßige Niederschläge, die im Lauf der Jahrhunderte einen verträumten Mooswald entstehen ließen. Hier herrscht ein besonderes Licht, das durch die Bäume gefiltert auf einen sattgrünen Teppich fällt, auf dem winzige Tau-Diamanten glitzern. Die Umrundung des Teichs dauert etwa 35 Minuten. Girlanden aus federndem Moos schmücken die verschlungenen Wurzeln der Bäume und begeistern mit den Farben der Natur, einer bezaubernden Palette aus tiefen Grün- und rostigen Brauntönen. Im Herbst sind die Blätter der Bäume leuchtend rot und kontrastieren mit dem Grün, ein atemberaubender Anblick, der auf der spiegelglatten Oberfläche des stillen Shirakoma-Teichs widerscheint.

Mehr als 480 Moosarten wachsen in diesem Wald, jede besitzt eine eigene Form und Textur. Entlang des Wegs sind zehn Stellen mit jeweils unterschiedlichen Moosbiotopen markiert. Gehen Sie vorsichtig und achten Sie auf jeden Schritt. Unterwegs sieht man *Mori*-(Wald-) und *Mosu*-(Moos-)Mädchen, die mit der Lupe in der Hand die Fleckchen und Wedel ganz genau betrachten. Michelle ist seit mehr als zehn Jahren von den *Mori*- und *Mosu*-Mädchen fasziniert. Sie wurde durch eine japanische Modezeitschrift auf sie aufmerksam, in der Mädchen in langen Kleidern aus Leinen und anderen Naturfasern abgebildet waren, die neugierig Flechten und Moos in magischen Waldlandschaften erkundeten. Für sie ist der Wald ein spiritueller Raum.

Besuchen Sie unbedingt die Berghütte Takamiishi-goya, die einen spektakulären Blick auf den Teich bietet. Achten Sie darauf, auf den Wegen und Holzstegen zu bleiben, um die empfindliche Biosphäre nicht zu stören. Von Mitte November bis Mitte April ist die Straße zum Wald schneebedingt gesperrt.

嵐山竹林

SAGANO-BAMBUSHAIN

ARASHIYAMA

Arashiyama, Ukyo-ku

Bahnhof Randen-saga, dann zu Fuß (10 Minuten)

Von Arashiyama am Fuß der sogenannten »Sturmberge« ist man vom ersten Augenblick an beeindruckt. Mit seinen altmodischen Läden und Restaurants vor der Kulisse nebliger Berge und der Togetsukyo-Brücke (Mondbrücke), die sanft den Katsura-Fluss überspannt, scheint es wie aus der Zeit gefallen. In dem Gebiet stehen verstreut kleine Tempel und Schreine, darunter der Tenryuji, Koggenji und Shakakuji, rund um den berühmten Sagano-Bambushain.

Der 500 Meter lange Hain ist ein natürlicher Wald aus Moso-Bambus. Die hohen grünen Bambuspflanzen bilden ein kathedralenartiges Gewölbe, ihre dünnen Halme wanken leicht im Wind, verändern so stetig den Lichteinfall, ächzen leise und stoßen gelegentlich mit einem melancholischen »Plock« zusammen. Die musikalische Geräuschkulisse ist auf der Liste der »100 Klanglandschaften Japans« verzeichnet.

Bambus ist typisch japanisch: Kunsthandwerk, *shakuhachi* (Bambusflöten), Brücken, Gerüste, Dächer und knackige Bambussprossen – Bambus wird in Japan auf so vielfältige, den Alltag bereichernde Weise verwendet, dass er zu einem Wahrzeichen geworden ist. Ihn in seinem natürlichen Lebensraum zu erleben, verleiht ihm eine hypnotisierende Intensität. Es ist eine ganz besondere Art des Waldbadens. Wir empfehlen einen Besuch am frühen Morgen oder in der Abenddämmerung, wenn der Besucheransturm geringer ist und man den sanften Geräuschen des heiligen Orts lauschen kann, die ab und zu vom Zwitschern eines Vogels unterbrochen werden. Die Stille beruhigt die Seele, und die Ehrfurcht vor der vielseitigen, umweltfreundlichen Pflanze regt den Geist an.

箕面公園

MINOO-PARK

OSAKA

1-18 Minookoen, Minoo, Osaka

mino-park.jp

Bahnhof Minoo, dann zu Fuß (5 Minuten)

Nicht weit von Osakas überfülltem Zentrum entfernt bietet der Minoo-Park eine willkommene Ruhepause. Der Park aus der Meiji-Zeit (1868 –1912) ist ideal für Spaziergänge in der Natur und wurde 1986 in die Liste der »100 besten Waldbadeorte« aufgenommen. Für die drei Kilometer lange Strecke entlang eines Bachs braucht man etwa eine Stunde – der Weg ist gepflastert und wunderbar für Spaziergänger, die auf unebenem Boden nicht so gut zurechtkommen.

Entlang des Wegs tauchen die Highlights des Parks plötzlich aus dem Unterholz auf, bis zu der perfekten Bilderbuchansicht einer zinnoberroten Steinbogenbrücke, die sich vor den Kaskaden des Minoo-Wasserfalls erstreckt. Der 300 Meter hohe Wasserfall gibt dem Park seinen Namen. Die Form seiner Felsen gleicht einem *minoo* – einem Worfelkorb, mit dem die Spreu von den Körnern getrennt wird. Bereits im 7. Jahrhundert kamen Mönche zum Meditieren hierher. Im Park wachsen fast 1000 Pflanzenarten, darunter jahrhundertealte Bäume und japanische Ahorne. Wenn Sie den Minoo Ende November besuchen, können Sie den herrlichen Anblick des roten Herbstlaubs genießen, das die Brücke, die Bäume und den Wasserfall in ein fantastisches dreidimensionales Tableau verwandelt.

Die schmalen Straßen im Park sind von kleinen Essensständen, Souvenir- und Kunsthandwerksläden gesäumt – im Herbst sollten Sie die saisonale Spezialität *Momiji*-(Ahornblatt-)Tempura als Snack probieren. Der friedliche Shotengu-Saikoji-Tempel lädt zu einem schönen Spaziergang auf dem Takamichi-Weg ein. Der Ryuanji-Tempel im Park (658) gilt hingegen als Geburtsort der Lotterie – hier werden Sie spirituell mit Glück, Segen und Wohlstand belohnt.

屋久島

INSEL YAKUSHIMA

KAGOSHIMA

Yakushima-cho, Kumage-gun, Kagoshima

yesyakushima.com
yakushimatourism.com

Jetfoil vom Hafen Kagoshima zum Hafen Yakushima Miyanoura oder Anbo

Yakushima ist mit dem Jetfoil von Kagoshima aus erreichbar, gehört zum UNESCO-Welterbe – und zu den bestgehüteten Geheimtipps der Welt: eine Insel, auf der statt Wolkenkratzern riesige Zypressen und ungewöhnliche Granitgipfel in den Himmel ragen und im feuchten Klima ein magisches Moosparadies gedeiht. Waldbaden auf Yakushima besitzt einen besonderen Zauber. Kein Wunder, dass das Studio Ghibli hier die Kulisse für *Prinzessin Mononoke* ansiedelte.

In den Wälder stehen Zedern, die zwischen 1000 und 7000 Jahre alt sind. Die *yasugi* genannten Bäume, eine Kurzform von *yakushima sugi* (Zeder), sind die uralten Herrinnen des Waldes, in grüne Moosmäntel gehüllte Wesen, deren Wurzeln sich um Felsen und Steinstufen winden. Dank des ständigen Regens (die Einheimischen scherzen, dass es hier »35 Tage im Monat regnet«) ist der Wald stets üppig grün. Tosende Wasserfälle, vom Tau geküsste Äste, Sonnenlicht, das sich durch das Gewirr der Bäume kämpft – aus diesem Stoff sind Mythen gewebt.

Mehrere Wanderwege schlängeln sich durch das Unterholz. Die Pfade Arakawa und Shiratani Unsuikyo bieten eine spirituelle Pilgerreise zur 7000 Jahre alten Zeder Jomon Sugi, dem ältesten Baum der Insel (der Shiratani führt auch an der 3000 Jahre alten Yayoi Sugi vorbei). Bergfans können auf dem Yodogawa-Pfad den Miyanoura besteigen, Yakushimas höchsten Gipfel. Der Onoaida-Pfad beginnt und endet am reizenden Onoaida Onsen und führt an den herrlichen Senpiro-no-taki-Wasserfällen vorbei.

Am besten erkunden Sie die Insel mit dem Bus, nehmen Sie jedoch genügend Yen in bar mit, denn Geldautomaten und Kreditkarten sind rar gesät.

高尾山

Keio Takaosanguchi Station Building, 2241, Takaomachi, Hachioji

tokyotouristinfo.com/en/detail/M0021

Bahnhof Takaosanguchi, dann mit dem Sessellift, der Standseilbahn oder zu Fuß

BERG TAKAO

HACHIOJI

Der Takao bietet Waldbaden, ausgezeichnete Wandermöglichkeiten, einen heiligen Tempel und ist von Tokyo aus in einem Tagesausflug zu erreichen. Das Erste, was Ihnen auffallen wird, ist der modernisierte Bahnhof des Architekten Kengo Kum mit der markanten, geschwungenen Dachstruktur aus dem großartigen regionalen Zedernholz, die an den Bergtempel Yakuoin erinnert. Ungewöhnlicherweise beherbergt der Bahnhof das moderne *onsen* Keio Takaosan, also machen Sie es wie wir und reservieren Sie Zeit zum Entspannen.

Mit der Standseilbahn oder dem poppig bunten Retro-Sessellift geht es dann hinauf auf den Takao. Die Aussicht auf die grünen Berge und Tokyos ausuferndes Häusermeer ist vor allem auf dem Weg nach unten atemberaubend.

Wandern ist die Hauptaktivität auf dem Takao, wobei verschiedene Touren zur Wahl stehen. Am beliebtesten und leichtesten ist der Wanderweg mit dem kreativen Namen »Nummer 1«. Wer es etwas ruhiger mag, folgt einfach einem der weniger bevölkerten Pfade. Am Gipfel finden Sie *Torii*-Tore, Statuen, riesige Zedern und beeindruckende Aussichtspunkte (auch mit Blick auf den ikonischen Berg Fuji). Der »Oktopusbaum« besitzt ein gewaltiges Wurzelsystem, das an Tentakel erinnert. Wer die *sakura* in Tokyo verpasst hat, kann sich auf die am Takao freuen, die praktischerweise erst sehr spät zu bewundern ist.

Der 744 gegründete Takao-san Yakuoin ist Japans drittältester buddhistischer Tempel und das Zuhause einer Gruppe von Shugendo-Mönchen, die unter nahe gelegenen Wasserfällen meditieren und über Feuer laufen (Sie können sich ihnen bei beiden Praktiken ohne vorherige Anmeldung anschließen). Durch das grandiose Niomon-Tor gelangen Sie auf das weitläufige, bewaldete Tempelgelände, das sich perfekt für ein spirituelles Waldbad eignet.

バンブー笠
¥1.944-
竹ビク
¥2.160-

心を満たす巡礼路

Achtsam pilgern

Für Reisende, die eine spirituellere Verbindung zu Japan suchen, bieten Pilgerwege eine Kombination aus Natur, Philosophie, Religion und oft anstrengendem Wandern. Japans Pilgerrouten gehören zu den besten Wanderwegen der Welt. Unterwegs entdeckt man eine überwältigende Auswahl an beeindruckenden und alten Tempeln, religiösen Statuen und Talismanen, *ryokan*, *shukubo*, *onsen* und Läden, die sich seit Generationen im Besitz von Erzeugern und Handwerkern befinden.

Pilgerwege sind jedoch nicht nur für Pilger gedacht. Sie müssen nicht auf einer spirituellen Suche sein, um die Sehenswürdigkeiten und die Landschaft zu genießen. Man muss sich nicht verlieren, um zu sich selbst zu finden. Die tiefe Stille des Walds, das Alter und die Bedeutung der Stätten werden Ihnen eine gewisse Erleuchtung verschaffen und ein tiefes Gefühl des Friedens und der Dankbarkeit vermitteln. Ziehen Sie aus Ihren ganz persönlichen Gründen los und machen Sie Ihre eigenen Entdeckungen.

Sie können eine Pilgerroute in Etappen begehen und dafür Streckenabschnitte oder bestimmte Monumente und Tempel auswählen. Manche nehmen sich gezielt Urlaub, um einen Pilgerweg von Anfang bis Ende zu erleben, sich eine Auszeit von der Arbeit für eine lebensverändernde Erfahrung zu gönnen, um ihr Leben mit anderen Augen zu sehen oder über ein Ereignis nachzudenken, das ihr Leben kürzlich verändert hat.

Wählen Sie nach Ihrer körperlichen Fitness die Strecke, die Sie bewältigen können. Achten Sie auch auf Ihre Ausrüstung, denn der Weg führt Sie durch unwegsames und manchmal gefährliches Gelände, das den unterschiedlichsten Wetterbedingungen ausgesetzt ist. Sie brauchen feste Schuhe und einen Rucksack mit dem Nötigsten, Proviant und am besten auch ein Tagebuch, damit Sie wie der Dichter Basho unterwegs beobachten, kommentieren, Erinnerungen festhalten und Verse verfassen können. Bereiten Sie sich darauf vor, bewegt, verzaubert und verändert zu werden und als besserer und, ja, fitterer Mensch aus diesem Erlebnis hervorzugehen.

Vorhergehende Seite: Pilgerhüte und -korbtaschen in Matsuyama (88-Tempel-Pilgerweg); *rechte Seite:* Impressionen vom Nakasendo-Pilgerweg

おもて

中山道

NAKASENDO-WEG

REGIONEN KANSAI, CHUBU UND KANTO

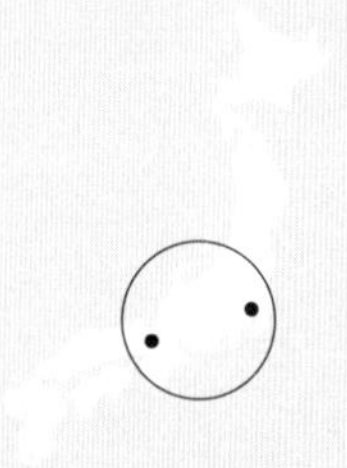

Vom alten Edo (Tokyo) nach Kyoto

nakasendoway.com

Der Nakasendo-Weg (Zentralgebirgsweg) ist eine im 8. Jahrhundert entstandene Postroute, die einst Edo (Tokyo) mit Kyoto verband und ursprünglich für Samurai, Shogune und Feudalherren angelegt wurde, um die Ordnung zwischen den beiden Großstädten aufrechtzuerhalten. Der rund 534 Kilometer lange Weg führt zu einigen eindrucksvollen Orten in Saitama, Gunma, Nagano, Gifu und Shiga. Die einst 69 Stationen entlang der Route wurden von Utagawa Hiroshige und Keisai Eisen in einer Reihe von *Ukiyo-e*-Drucken verewigt. Der Nakasendo ist heute nicht mehr im Ganzen erhalten, da Abschnitte in Autobahnen und asphaltierte Straßen umgewandelt wurden. Einige Teile des Wegs sind jedoch in ihrer ursprünglichen Form erhalten geblieben, vor allem die Route durch das Kiso-Tal nach Magome, die 43. der 69 Stationen. Empfehlenswert sind die vielen *minshuku* (familiengeführte Frühstückspension) entlang des Wegs, bieten sie doch authentische Unterkünfte und Kontakt mit Einheimischen.

Wir wanderten auf dem Weg zwischen Magome und Tsumago, wo wir schöne ursprüngliche Gebäude aus dunklem Holz sahen (um das Erlebnis authentischer zu gestalten, werden hier alle Kennzeichen des modernen Lebens versteckt), die sich aneinanderdrängten und schief und krumm, sich immer ein wenig in die eine oder andere Richtung neigend, aussahen wie aus einem Kinderreim entsprungen. Alteingesessene Kunsthandwerker verkauften an jahrhundertealten Ständen Souvenirs, und hinter jeder Biegung bot sich ein neuer zauberhafter Anblick: Bäche mit Wasserrädern, knorrige Bäume, Steinlaternen und dahinter eine herrliche Bergkulisse. Erfahrene Wanderer können mit ein wenig Planung und gelegentlichen Zugfahrten eine mehrtägige Wanderung zusammenstellen. Die malerischen Dörfer Nojiri und Narai bieten traumhafte Ausblicke, Bambushaine, gepflasterte Wege, Wasserfälle und Zedernwälder, der Weg von Karuizawa über den Usui-toge-Pass nach Yokokawa unvergessliche Bergpanoramen.

Auf dem Nakasendo-Weg unternimmt man eher eine historische als eine spirituelle Pilgerreise – achtsame Reisende haben hier die Möglichkeit, in eine Zeitmaschine zu steigen und die Natur und das Leben aus langsameren und leiseren Zeiten zu entdecken.

西国三十三所

SAIGOKU-KANNON-PILGERWEG

REGION KANSAI

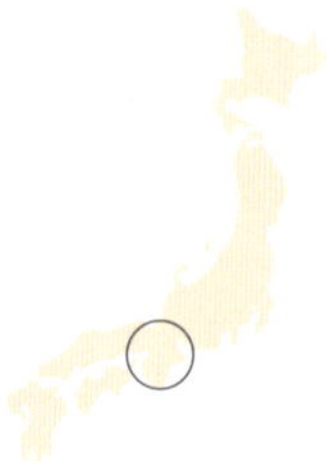

Vom Seigantoji, Wakayama, zum Kegonji, Gifu

jh-saikoku33.jp/en

Der 1300 Jahre alte Saigoku-Kannon-Pilgerweg gilt als die erste Pilgerroute in Japan. Sie führt zu 33 buddhistischen Tempeln in Kyoto und der Region Kansai. Im Mittelpunkt der Pilgerreise steht Kannon, der Bodhisattwa des Mitgefühls, der in jedem Tempel verehrt wird. Wenn Sie an jedem Ort beten und Ihr Leben anderen widmen, können Sie im Paradies wiedergeboren werden.

Die 33 Kannon finden sich in Kyoto, Shiga, Gifu, Nara, Wakayama, Osaka und Hyogo. Wie viele andere Wanderer auch könnten Sie in traditioneller Pilgerkleidung samt Wanderstock losziehen – Startpunkt ist der Seigantoji in Wakayama. Tempel Nummer 2, der Kimiidera, wird als erster während der *sakura* in zartes Rosa gehüllt. Die größte Tempelanlage an der Route, Kokawadera, wurde im Jahr 770 gegründet und besitzt einen Trockengarten aus der Prä-Edo-Zeit.

Der berühmteste Tempel am Pilgerweg ist jedoch zweifellos Kyotos fantastischer Kiyomizudera, der 978 erbaut wurde und heute zum UNESCO-Welterbe gehört. Der auf hohen Holzpfählen errichtete dunkle Holztempel mit dem dicken Strohdach ist im Sommer von kräftigen Grüntönen und im Herbst von leuchtendem Gold umgeben und einer der meistfotografierten Orte Japans. Der letzte Tempel auf der Pilgerreise ist der Kegonji in Gifu.

Generell ist es möglich, alle Tempel mit Bus, Bahn oder Mietwagen zu besuchen und nur einen Teil des Wegs zu Fuß zurückzulegen. Für die rund 1000 Kilometer lange Pilgerreise braucht man natürlich Zeit und Hingabe – perfekt für Pilger, aber nicht so gut für alle, die nur begrenzt Zeit haben.

WISSENSWERT

Zu den berühmten Tempeln entlang des Wegs gehören der Rokkakudo in Kyoto, die Wiege des Ikebana *(siehe S. 88)*, und der Shohoji in Shiga, wo Matsuo Basho seinen faszinierendsten *haiku* schrieb:

»Der alte Teich
ein Frosch springt hinein
das Geräusch des Wassers«

熊野古道

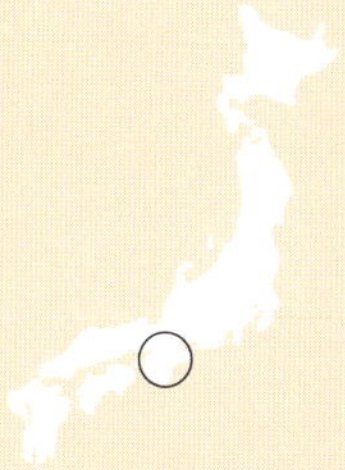

Tanabe City Kumano
Tourism Bureau

tb-kumano.jp/en/kumano-kodo

KUMANO-KODO-PILGERWEG

HALBINSEL KII

Der alte Pilgerweg Kumano Kodo, 2004 zum UNESCO-Welterbe deklariert, führt von der Küste der Halbinsel Kii im südlichen Kansai landeinwärts (und an einigen Stellen auch um sie herum). Er verbindet die drei Schreine Hongu, Hayatama und Nachi Taisha, die zusammen Kumano Sanzan genannt werden. Die Wanderung selbst ist ein Andachtsweg, auf dem sich die Pilger in tückischem und gefährlichem Gelände bewähren müssen.

Im Lauf der Jahre haben sich vier Hauptwege herausgebildet. Am häufigsten wird der Nakahechi Imperial begangen, der in Tanabe an der Westküste beginnt und die drei Schreine miteinander verbindet. Er eignet sich perfekt für eine mehrtägige Wandertour, und das Gelände ist am leichtesten zu bewältigen. Abgesehen von den Schreinen liegen hier kleine Dörfer mit lokalen Unterkünften, das herrlich rustikale Teehaus Toganoki-jaya und Takahara, das »Dorf im Nebel«.

Die Ohechi-Küstenroute führt gelegentlich aus dem Unterholz heraus und erlaubt einen weiten Blick auf den Pazifischen Ozean. Die östliche Iseji-Route bietet ebenfalls Ausblicke auf den Strand sowie auf terrassierte Reisfelder, Obstgärten, Teeplantagen und Bambushaine. Die bergige Kohechi-Route führt von Norden nach Süden durch das Zentrum der Halbinsel und verbindet das Kumano-Sanzan-Trio mit dem Berg Koya. An diesem Weg liegt 400 Meter über dem Meeresspiegel das wunderschöne »Dorf im Himmel«, Hatenashi, das mit einer herrlichen Aussicht aufwartet.

出羽三山

DEWA-SANZAN-PILGERWEG

TSURUOKA

Tsuruoka, Yamagata

dewasanzan.com

Vom Bahnhof Yamagata zum Bahnhof Tsuruoka, dann mit dem Bus zum Berg Haguro

Eine Kombination aus Pilgerreise, Waldbaden und energetischer Wanderung bieten die drei heiligen Berge Dewa Sanzan, die in Japan große spirituelle Bedeutung besitzen. Sie liegen in der Präfektur Yamagata im Norden Honshus, östlich der Shonai-Küste am Japanischen Meer. Seit über 1400 Jahren kommen Pilger hierher, um spirituelle Erweckung und persönliche Wiedergeburt zu erfahren. Auf jedem der drei Berge Haguro, Gassan und Yudono steht auf oder nahe dem Gipfel ein zutiefst beeindruckender, bedeutender Schrein. In kariertem Habit und mit malerischen Papierlaternen in der Hand pilgern die Yamabushi (»Die sich in den Bergen niederlegen«) genannten Mönche während des Aki-no-mini-iri (Herbstgipfel-Rituals) und des Fuyu-no-mini-iri (Wintergipfel-Rituals) auf die Berge hinauf.

Beginnen Sie mit dem Aufstieg auf den 414 Meter hohen Haguro, der ganzjährig zugänglich ist. Seine »kosmische Zeit« ist die Gegenwart, und sein Geschenk ist die Kraft, mit den aktuellen Widrigkeiten der Welt fertigzuwerden. Auf dem Berg wachsen kolossale uralte Zedern, darunter die 43 Meter hohe und rund 1000 Jahre alte »Großvaterzeder«. Folgen Sie dem gepflasterten Weg hinauf zur fünfstöckigen Pagode, einer verschnörkelten Holzkonstruktion aus dem Jahr 931. In Schnee gehüllt, bietet sie einen der faszinierendsten Anblicke, die Sie je sehen werden. Ihr letztes Ziel ist der Schrein Sanjin-Gosaiden, den das dickste Strohdach Japans krönt.

Der 1940 Meter hohe Gassan ist von Juli bis Mitte Oktober zum Wandern und von April bis Juli zum Skifahren geöffnet. Er steht an der Grenze zum Jenseits, und seine »kosmische Zeit« liegt in der Vergangenheit. Sein Geschenk ist der Frieden mit den Vorfahren. Ihr Ziel ist der Gassan-Schrein, von dem aus Sie an einem klaren Tag bis zum Japanischen Meer sehen können.

Der dritte Berg ist der 1503 Meter hohe Yudono. Seine »kosmische Zeit« ist die Zukunft und sein Geschenk die Begegnung mit Ihrem zukünftigen Ich. Ihr hiesiges Ziel ist der Yudono-Schrein, der jedoch nur während der Goldenen Woche (Ende April/Anfang Mai) geöffnet ist.

Pilger können sich in zeremonielle Gewänder kleiden, um die Reise in die Berge anzutreten. Seien Sie unterwegs bei jedem Schritt achtsam, halten Sie inne und entdecken Sie kleine Details, speichern Sie Erinnerungen und Erfahrungen.

四国遍路

SHIKOKU HENRO (88-TEMPEL-PILGERWEG)

INSEL SHIKOKU

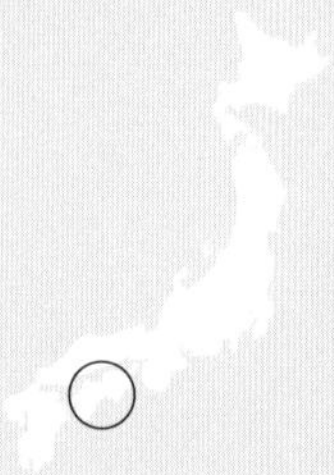

Vom Ryozenji in Tokushima zum Okuboji in Kagawa

shikoku-tourism.com/en/shikoku-henro

Shikoku ist vor allem für den 88-Tempel-Pilgerweg Shikoku Henro bekannt, der rings um die Insel führt. Der Weg datiert aus dem 16. Jahrhundert – möglicherweise wurde er schon einige Jahrhunderte früher gegründet –, ist etwa 1200 Kilometer lang und in 30 bis 60 Tagen zu bewältigen. Viele Japaner machen die Pilgerreise, um geliebter Menschen zu gedenken, für das Wohlergehen ihrer Familie zu beten oder um sich selbst spirituell zu stärken.

Die gesamte Strecke zu Fuß zurückzulegen, ist ein philosophischer und körperlicher Härtetest mit vielen Belohnungen. Die Tempel entlang des Wegs sind wirklich unvergesslich, und der Kontakt mit den Einheimischen sowie die Übernachtungen in und um die *shukubo* (Tempelunterkünfte) oder in *minshuku* (Frühstückspensionen) schaffen bleibende Erinnerungen. Der Shikoku Henro, so heißt es, habe das Potenzial, Ihr Leben oder zumindest Sie selbst zu verändern.

Um die Wanderung noch authentischer zu gestalten, können Sie den zeremoniellen weißen *hakui* (Baumwollmantel) der *ohenro* (Pilger) und den *sugegasa* (Kegelhut) tragen. Außerdem benötigen Sie einen *kongozue* (traditioneller Wanderstock), ein *Sutra*-Buch, eine Mönchstasche und eine Glocke. Die meisten Pilger begehen die Route im Uhrzeigersinn und beginnen an Tempel Nummer 1, dem Ryozenji in Tokushima.

Starten Sie in Naruto und folgen Sie dem Fluss Yoshino Richtung Westen, wo die ersten elf Tempel in unmittelbarer Nähe liegen. Das beeindruckende Holztor des Ryozenji bildet den Auftakt. Im Tempel Nummer 5, dem Jizoji, stehen 200 Statuen mit unterschiedlichen Gesichtsausdrücken. Der achte Tempel, Kumadaniji, besitzt das wohl älteste Tor der gesamten Route (es stammt aus dem Jahr 1687). Entlang des Wegs ragen hohe Pagoden über dem dichten Laub des Bergwalds auf. Die Gebäude haben eine über die Jahrhunderte entstandene Patina, und mit Flechten und Moos überzogene steinerne Buddha-Statuen wachen wohlwollend über die kurvigen gepflasterten Wege.

Die beste Zeit für diese Wanderung sind Mitte März bis Mai sowie Oktober und November. Suchen Sie sich einen Abschnitt des Wegs aus und lassen Sie sich Zeit – Sie können aber auch den Bus nutzen, mit dem Fahrrad oder einem Mietwagen fahren.

奉納

心を満たす体験

Achtsame Sehenswürdigkeiten

In diesem Kapitel möchten wir Ihnen eine kleine Auswahl unserer liebsten achtsamen Orte, Erlebnisse und Beschäftigungen vorstellen, die in uns einen bleibenden Eindruck hinterlassen haben und an die wir uns immer erinnern werden. Es sind Orte, die uns innehalten lassen, die einzigartig japanisch sind, aber auch eine universelle Schönheit ausstrahlen. Auf Reisen verpflichten wir uns immer, Dinge zu bemerken, die wir normalerweise nicht wahrnehmen würden. Wir sammeln unsere Gedanken und tauschen unsere Beobachtungen bei Tee und *wagashi* oder bei einem Sake und Abendessen aus.

Außergewöhnliche Achtsamkeitserfahrungen kann man in Großstädten, auf dem Land oder tief in dichten Wäldern machen. Knietief in leuchtenden Blumen stehen und in der Natur versinken, in verehrten und stillen Räumen der Geschichte nachspüren, die Lebensweise und das erstaunliche Schaffen von Kunsthandwerkern, Archivaren und Künstlern erforschen – all dies ist Teil der japanischen Achtsamkeitspalette. Achtsame Momente kann man im Alltag und vor Ort erleben, in täglichen Ritualen, kleinen Ruheoasen und Augenblicken der Stille. Wohnhäuser mit Topfpflanzen, Bonsai und *kokedama* (Mooskugeln) inmitten der Betonwüste, Details an alten Gebäuden, der Duft von Blumen im Regen oder die feinen, komplizierten Bewegungen bei Zeremonien und Ritualen – ganz zu schweigen von den großen, unübersehbaren Dingen wie alten Denkmälern, himmelhohen modernen Bauwerken und der beeindruckenden Natur.

Auch wenn wir dem Zen ein ganzes Kapitel gewidmet haben, so wollten wir doch die Schönheit und Stille des Shinto nicht unberücksichtigt lassen. Shinto zieht sich wie ein roter Faden durch das Kapitel über die Pilgerwege und ist in Parks, bei Gartenspaziergängen und beim *shinrin yoku* (Waldbaden) allgegenwärtig. Einen unserer liebsten Shinto-Schreine stellen wir in diesem Kapitel vor, und wenn Sie erst einmal wissen, wie sie aussehen, werden Sie sie überall entdecken. Machen Sie sich bereit für atemberaubende Bergtempel, uralte Schreine, Kunsthandwerkerhäuser, Dichtergedenkstätten, unvergleichliche Kirschblütenansichten und vieles mehr – all das gehört zu der außergewöhnlichen Vielfalt, die man in Japan erleben kann.

Vorhergehende Seite und rechte Seite oben links: Nanshoso; *rechte Seite oben rechts und unten:* Risshakuji-Tempel (Yamadera)

河井寛次郎記念館

569 Gojozaka, Kaneicho, Higashiyama-ku, Kyoto

Bahnhof Kiyomizu-gojo, dann zu Fuß (12 Minuten)

KAWAI-KANJIRO-HAUS

KYOTO

In diesem faszinierenden Haus, heute ein Museum, lebte und arbeitete Kanjiro Kawai, ein führender Vertreter der Volkskunst der frühen Showa-Zeit (1926 – 1989). Das berühmte Töpferhaus ist ein Muss für Slow-Art-, Keramik- und Architekturfans. Kawais eigens für seine Zwecke erbautes *machiya* (traditionelles Stadthaus aus Holz) besitzt Holzgitterfenster, cremefarbene Gipswände und, passend zu den Deckenbalken, dunkle Holzböden. In den *Tatami*-Zimmern sind offene Kamine, *Shoji*-Schirme und verzierte Fenster zum ruhigen, grünen Garten.

Ziehen Sie Ihre Schuhe aus und die bereitgestellten Pantoffeln an, denn hier wandeln Sie auf heiligem Boden, von der Idee bis zur Vollendung, von Raum zu Raum, und sehen dabei viele von Kawais besten Werken. Jeder Raum präsentiert ein Tableau aus Kawais Besitztümern und damit eine Momentaufnahme aus seinem Leben. Seine Keramiken sind in Vitrinen ausgestellt und im ganzen Haus auf Tischen, Ständern oder als (mit frischen Blumen gefüllte) Vasen platziert.

Als Mitgründer der *mingei* (Volkskunstbewegung) widmete Kawai sein Leben der Töpferei und experimentierte mit Glasuren und Brenntechniken. Seine schlichten Keramiken sind von der Natur und der Menschlichkeit inspiriert (er lehnte es ab, zum »lebenden Nationalschatz« ernannt zu werden) und in Kobaltblau, tiefen Rot-, Kupfer- und Brauntönen gehalten. Nach seinem Tod wurde sein Haus geschlossen und später, kaum verändert, für das Publikum geöffnet – als ein fortdauerndes Zeugnis dafür, wie der große Töpfer seine Tage verbrachte.

Seine modernistischen Einflüsse werden beim Spaziergang durch die eindrucksvollen Räume deutlich. Draußen können Sie Kanjiros imposanten achtkammrigen *Noborigama*-Ofen »Shokei« bewundern. Wir schlossen die Augen, stellten uns den Meister bei der Arbeit vor und wie er hier seine Kreativität auslebte.

ファーム富田

FARM TOMITA

FURANO

Nach einer zweieinhalbstündigen Busfahrt von Sapporo nach Furano spazieren Sie durch leuchtend bunte Lavendelfelder. Unser Favorit ist die Farm Tomita, ein weitläufiger Garten mit leuchtend lila, weiß, rot und grün gestreiften Feldern, so weit das Auge reicht. Tomita präsentiert sich als ländlicher Zufluchtsort, an dem man in knallbunte Blumenfelder eintauchen kann. Der hiesige Star ist der Lavendel. Er hüllt das nordöstliche Feld in purpurne Schwaden (Mitte Juli ist die beste Zeit, um ihn zu bewundern) und taucht zwischen den farbenfrohen Reihen aus leuchtendem Mohn, Knabenkraut und Schleierkraut auf. Das Irodori-Feld ist verständlicherweise das beliebteste Fotomotiv, gleicht es doch einem riesigen Gemälde aus echten Blüten.

Kisen Kita 15-go, Nakafurano-cho, Sorachi-gun, Hokkaido

farm-tomita.co.jp

Bahnhof Nakafurano, dann zu Fuß (25 Minuten)

Doch auch andere Felder glänzen zu bestimmten Jahreszeiten. Wir lieben das Herbstfeld, dessen Spinnenblumen fast das ganze Jahr über blühen und im Winter einen farbenprächtigen Kontrast zur Kulisse der schneebedeckten Tokachi-Vulkangruppe bilden. Das Frühlingsfeld glänzt mit leuchtendem Island- und Türkischem Mohn. Der Weißbirkenwald ist im Herbst ein dichtes Viereck aus geisterhaften Stämmen mit herrlichen goldenen Kronen. In einem Gewächshaus können Sie das ganze Jahr über ein Lavendelfeld erleben. Und: Probieren Sie unbedingt das Lavendel-Softeis im Café René.

Ein Ausflug zu den prächtig-bunten, faszinierenden Lavendelfeldern der Farm Tomita ist ein Muss für jeden Naturliebhaber. Nicht zuletzt, weil sie auch – wie Sie sich sicher vorstellen können – himmlisch duften.

ひたち海浜公園

552-18 Ajigaura, Hitachinaka, Ibaraki

hitachikaihin.jp/en

Bahnhof Katsuta, dann mit dem Bus zum Hitachi-Küstenpark (15 Minuten)

HITACHI-KÜSTENPARK

IBARAKI

Wo einst Sanddünen waren, bietet heute der Hitachi-Küstenpark einen Garten der irdischen Freuden samt herrlichem Meerblick. Je nach Jahreszeit erstrahlen in dem Park Rosen, Narzissen, Mohnblumen, Pflaumen und fedriges Pampasgras.

Zu unseren Lieblingspflanzungen gehören die Felder mit *kochia* (Sommerzypresse), die sich von Mitte Juli bis Ende September leuchtend grün zeigen und im Oktober spektakulär feuerrot und golden verfärben. Von Mitte April bis Anfang Mai können Sie auf dem Miharashi-Hügel durch einen Teppich aus pastellblauen Hainblumen *(Nemophila)* spazieren. Die Aussicht von der Hügelkuppe gleicht einer gigantischen Leinwand, auf der das Blau der Hainblumen mit dem des Pazifiks und des weiten Himmels verschmilzt. Michelle kleidet sich hier gern Ton in Ton und spaziert in einem blauen Kleid durch die frische Land- und Seeluft. Decken Sie sich am Bahnhof Shinagawa mit Bento-Boxen ein, kaufen Sie sich ein Softeis im Park und essen Sie in der Natur zu Mittag.

Besonders gut lässt sich das riesige Gelände mit dem hübschen Hop-on-Hop-off-Minizug erkunden. Oder Sie leihen sich im Park Fahrräder (auch Tandems) und fahren auf dem Rundweg durch den Wald und an der Küste entlang. Beim Sonnenblumenlabyrinth erreichen Sie Miharashi no Sato, ein Dorf aus *kominka* (traditionelle Häuser), dessen nachgebaute Bauernhäuser aus der Edo-Zeit (1603 –1867) inmitten einer saisonalen Blumenlandschaft stehen.

Weitere Attraktionen sind unter anderem der Kräutergarten und ein naturgeschütztes Ökotop. Wer will, kann im Park mitarbeiten, Töpfer- und andere Workshops besuchen. Informieren Sie sich vorab über den Blumenkalender, damit Sie wissen, was gerade Saison hat.

芭蕉堂

1 Yamanaka Onsen, Higashi-machi, Kaga

Bahnhof Kaga Onsen, dann mit dem Bus nach Yamanaka Onsen, anschließend zu Fuß (15 Minuten)

BASHO-DO-HÜTTE

YAMANAKA

»Wer braucht den Tau der Jugend von der Chrysantheme,
wenn man das regenerierende Wasser von Yamanaka hat?«

Das schrieb der große *Haiku*-Dichter Matsuo Basho über einen seiner drei Lieblings-*onsen*-Orte. Basho (1644 –1694) widmete sein Leben der Poesie, wanderte weit umher, erlebte intensiv jeden Moment und das Leben jeden Tag aufs Neue. Seine Poesie erzählt in wenigen Zeilen von der Natur, der Sehnsucht, Städten und Dörfern. Von Grund auf Humanist, bildete das stille Genie aus alltäglichen Worten eine der einfachsten und doch komplexesten Formen der Dichtkunst, das *haiku*. Eine perfekte Inspiration für ihn war Yamanaka mit seinem berühmten *Onsen*-Wasser, das laut Basho »in das Innere des Körpers eindringt und einen sowohl körperlich als auch geistig bereichert«.

An Bashos Lobgedicht über Yamanaka Onsen erinnert heute in einem Hain nahe der Kurotani-Brücke, wo das Summen der Insekten und der Gesang der Vögel mit dem Rauschen des Wassers der Kakusenkei-Schlucht konkurrieren, eine Hütte mit einer kleinen Statue von Basho und einer Gedenktafel mit dem Gedicht. Das schlichte Basho-do mit den hellen Wänden, der einfachen Holztür und dem großen Giebeldach liegt inmitten wunderbarer Natur und ist im Halbdunkel unheimlich beleuchtet – ein magisches Denkmal für den berühmten *Haiku*-Dichter. Wir besuchten die Hütte spätnachmittags am Weihnachtstag. Das war unsere religiöse Erfahrung, allein im Wald, umgeben von Poesie und Natur.

Das Café Higashiyama Bonheur liegt versteckt bei der Hütte und verströmt altmodischen Charme, ist aber modern und minimalistisch eingerichtet. Wir bestellten Kaffee und Kuchen und sprachen über das Leben, das Basho geführt haben muss. An diesem Ort hätte er sich sicher gern eine Auszeit genommen, um sich zu erholen und möglicherweise ein Gedicht zu schreiben.

厳島神社

ITSUKUSHIMA-SCHREIN

INSEL MIYAJIMA

1-1 Miyajima-cho, Hatsukaichi, Hiroshima

en.itsukushimajinja.jp

Fähre vom Hafen nahe dem Bahnhof Miyajimaguchi

Auf der Insel Miyajima befindet sich einer der ältesten Schreine Japans. Die Anlage steht über dem Wasser und besitzt Japans berühmtestes *torii* (Tor – ein Symbol für den Übergang vom Profanen zum Sakralen). Bei Flut scheint das Tor »auf dem Wasser zu schweben«. Es ist eine der eindrucksvollsten Sehenswürdigkeiten Japans und entführt einen in eine andere Gedanken- und Erfahrungswelt.

Unser Abenteuer begann mit der Abfahrt vom Hafen in der Nähe des Bahnhofs Miyajimaguchi. Die gemächliche zehnminütige Fahrt mit der Fähre führt über die Bucht und schließlich um die Steilküste, sodass man einen ersten Blick auf das *torii* von Itsukushima erhaschen kann. Wir genossen den »Meerblick« auf das Tor und meditierten über sein Alter und seine Erhabenheit, bevor wir auf der Insel Miyajima ankamen.

Der Shinto-Schrein von Itsukushima wurde vor über 900 Jahren in der Heian-Zeit (794 –1185) erbaut und gilt seit 1643 als eine der »Drei schönsten Landschaften Japans«. Der Schrein, der vom heiligen Berg Misen überragt wird, besteht aus 19 zinnoberroten und weißen Gebäuden, von denen die meisten auf Stelzen stehen und bei Flut knapp über dem Wasserspiegel liegen. Die Bauten, zu denen auch ein *No*-Theater gehört, sind durch mehrere einfache Stege miteinander verbunden und sehen besonders dramatisch und stimmungsvoll aus, wenn sie nachts beleuchtet sind.

司馬遼太郎記念館

BIBLIOTHEK IM SHIBA RYOTARO MEMORIAL MUSEUM

HIGASHIOSAKA

3-11-18 Shimokosaka, Higashiosaka

shibazaidan.or.jp

Bahnhof Yae no Sato, dann zu Fuß (5 Minuten)

Ryotaro Shiba war eine Schlüsselfigur der japanischen Literatur in der zweiten Hälfte des 20. Jahrhunderts, von seinen beliebten historischen Romanen wurden sogar einige verfilmt. Die atemberaubende Bibliothek ist ein monumentaler Schrein für ihn und das geschriebene Wort an sich, der an eine märchenhafte Bibliothek oder ein gigantisches Archiv der Weisheiten der Welt erinnert.

2001 realisierte der berühmte Architekt Tadao Ando diese faszinierende Vision eines topmodernen, Maßstäbe setzenden Bibliotheksgebäudes in einem Wohnviertel in der Nähe von Shibas Wohn- und Arbeitsort. Der Rundbau aus Holz, Beton und Glas wirkt von außen wie ein städtisches Gebäude. Ein Korridor bietet Aussicht auf die Grünanlage, durch die der zurückgezogen lebende Autor spazierte, während er über die Handlungselemente und soziale Philosophie seines nächsten Romans nachdachte. Beim Betreten des Allerheiligsten ist der erste Eindruck umwerfend: riesige, elf Meter hohe Bücherwände, die nach letzter Zählung etwa 20 000 Bände umfassen und durch Gänge und Treppen miteinander verbunden sind. Durch hohe Fenster aus modernistischem Buntglas in unterschiedlicher Größe, Form und Textur strömt Licht in den Raum und auf die Regale – eine spirituelle Begegnung von Himmel und Geist.

Wir richten uns gern an einem der Arbeitsplätze ein und lassen uns bei der Arbeit von Shibas kreativem Geist inspirieren. Zusätzlichen Ansporn bietet das gemütliche Zimmer, in dem er in seinen späteren Lebensjahren arbeitete.

南昌荘

NANSHOSO

MORIOKA

13-46 Shimizu-cho, Morioka, Iwate

Bahnhof Morioka, dann zu Fuß (20 Minuten)

Morioka ist die Hauptstadt der Präfektur Iwate und bekannt für Kunsthandwerk, insbesondere Eisenwaren. Für uns ist es jedoch vor allem die Heimat unserer Freundin Makiko. In der entspannten Stadt mit ihren historischen Gassen kann man wunderbar spazieren gehen, insbesondere entlang des Flusses unter dem wachsamen Blick des Bergs Iwate, des Fuji des Nordens.

Nanshoso wurde offiziell auf unsere Must-see-Liste gesetzt, nachdem Michelle Bilder von der denkmalgeschützten Villa aus der Meiji-Zeit gesehen hatte. Sie gehörte einst dem Kupfermagnaten Yasugoro Sekawa und liegt in der Nähe des Flusses Kitakami in einer ruhigen Seitenstraße. An einem Sommertag gingen wir zu dritt auf dem Steinweg zu dem mit *kanji* beschrifteten Eingang, wo unter dem Giebel des Ziegeldachs warmes, dunkles Holz mit weißem Putz kontrastiert.

Im Inneren waren die Holzböden auf Hochglanz poliert; wir zogen unsere Schuhe aus und schlappten ruhig durch die Gänge von einem schönen Raum zum nächsten. Die Wände zierten Kunstwerke aus der Meiji-Zeit und die Ecken reiche Ornamente. Bei einer Pause mit Tee und *wagashi* betrachteten wir die *chawan* (Matcha-Schalen) und durch die schönen Fenster den traumhaften Garten mit einem Teich und einem gewundenen Weg in der Mitte.

Nicht weniger berühmt als das Haus ist der Garten – tiefgrün mit kleinen Steinbrücken und Hütten, strahlend schön im winterlichen Schnee und farbenprächtig im Herbst. Das freundliche Personal empfahl uns, während *hanami* (Kirschblütenzeit) wiederzukommen, um die *sakura* zu bewundern, die durch die Fenster wirklich spektakulär aussehen muss.

吉野山

Yoshino-cho, Yoshino-gun, Nara

yoshinoyama-sakura.jp

Bahnhof Yoshino, dann mit der Seilbahn oder zu Fuß (8 Minuten)

BERG YOSHINO

YOSHINO, NARA

Es gibt viele Orte in Japan, an denen man die Pracht der *sakura* während *hanami* bewundern kann, am bekanntesten ist unter Japanern jedoch der Berg Yoshino in Nara. Stellen Sie sich einen gänzlich in Rosa getauchten Berg vor, ein Meer aus leuchtenden Blüten, so weit das Auge reicht. Der Anblick lässt das Herz aufgehen, ist eine Kombination aus Farbtherapie und Natur. An dem sowohl von Kyoto als auch von Osaka aus erreichbaren Berg stehen über 30 000 Kirschbäume in 250 verschiedenen Sorten.

Hanami beginnt etwa Mitte März und erreicht den Höhepunkt Mitte April. Vier Senbon (»1000«) markieren die Sicht auf je 1000 Kirschbäume. Im kleinen »Basislager« Shimo Senbon, das Läden, Gasthöfe, Hotels und Souvenirstände säumen, beginnt die Festsaison, wenn an den Straßen zum Berg die Bäume rosa explodieren. Von Naka Senbon (mittlere Ebene) und Kami Senbon (obere Ebene) blickt man von oben auf den Berg in seinem rosa Mantel. Je höher man steigt, desto später erscheint die Blüte. Am Aussichtspunkt Hanayagura am Kami Senbon ist der Blick am spektakulärsten. Die letzte Etappe, Oku Senbon, bietet weniger, dafür aber spätere Blüten. Wir picknicken gern im Naka-Senbon-Park und stoßen mit Sake auf die Blüten an. Genießen Sie auch die saisonalen *Sakura*-Spezialitäten, vor allem das Softeis und die *wagashi*. Hartgesottene steigen bis zum höchsten Punkt hinauf, für die etwa 25 Kilometer sollte man mindestens drei Stunden einplanen. Die meisten entscheiden sich aber für eine »Etappe«. Setzen Sie sich nicht unter Druck, unterwegs ist viel zu sehen.

Wenn in der Abenddämmerung die Beleuchtung die Schönheit der Blüten hervorhebt, wird alles zu einem einzigen großen Fest in Rosa. Der Yoshino ist zwar berühmt für seine *sakura*, doch strahlt er auch im Herbst und im Sommer im leuchtenden Blau der Hortensien. Im Winter verleiht der Schnee den Tempeln und Bergschreinen eine besondere Atmosphäre.

池田屋安兵衛商店

1-3-5 Tsutsumi-cho-dori
Toyama

Bahnhof Toyama, dann mit der Tram nach Nishicho, anschließend zu Fuß (3 Minuten)

IKEDA YASUBEI SHOTEN

TOYAMA

Toyama liegt an der zentralen Westküste von Honshu an der Toyama-Bucht des Japanischen Meers. Hier gibt es hervorragendes Essen (vor allem Meeresfrüchte und gebratenes Huhn in schwarzer Sojasoße), ein bemerkenswertes Dorf für Volkskunst, ein Glasmuseum sowie die einmalige historische Apotheke Ikeda Yasubei Shoten. Ein Besuch stand schon seit einiger Zeit auf Michelles Wunschliste, denn das Schmuckkästchen aus der Edo-Zeit ist wirklich faszinierend.

Mit einer der Straßenbahnen, die von Toyamas Bahnhof abfahren, erreichen Sie die Apotheke mit der beeindruckenden Edo-Fassade im Herzen der Stadt. Innen fühlt man sich an die klassische Geschichte des »Etchu Toyama no Okigusuri« erinnert, bei dem die Arzneimittel dem Kunden überlassen und erst nach Gebrauch bezahlt wurden. Noch immer herrscht hier die Atmosphäre einer alten Apotheke mit hohen Decken, Holzbalken und dem leichten Geruch von Kräutermedizin in der Luft. Zu sehen sind farbenfrohe Medikamentenschachteln und eine seltene Maschine zur Herstellung von Kräuterpillen, die Sie selbst pressen und rollen können. Die Apotheke ist noch immer in Betrieb, deshalb können Sie hier auch pflanzliche Heilmittel bestellen. Diese werden von den in traditioneller Medizin ausgebildeten Apothekern für Sie hergestellt, die dafür Pulver abwiegen, Blätter zerkleinern und Tinkturen brauen. Das hauseigene Restaurant serviert mit Heilkräutern verfeinerte Speisen.

Die ausgefallenen Produkte eignen sich auch hervorragend als Geschenk. Decken Sie sich mit Kräutertee oder Mitteln gegen Verstauchungen und Schmerzen und unbedingt mit Etchu-hangontan ein, dem berühmten Magenschmerzpulver von Ikeda Yasubei Shoten. Die Retro-Kräuterverpackungen mit skurrilen Edo-Illustrationen von Menschen mit verschiedenen Schmerzen und Leiden bieten einen wunderbaren Einblick in die Geschichte der japanischen Achtsamkeit und Wellness vor 200 Jahren.

WISSENSWERT

Wer sich für alte Arzneimittel interessiert, wird vom nahe gelegenen Kokando-Pharmaziemuseum fasziniert sein.

天保元年創製
越中反魂丹
池田屋安兵衛老舗
池田屋
反魂丹

立石寺 山寺

4456-1 Yamadera, Yamagata

Bahnhof Yamadera, dann zu Fuß zum Fuß des Bergs (10 Minuten)

RISSHAKUJI-TEMPEL

YAMADERA

Das Sprichwort »Eine Reise von 1000 Meilen beginnt mit einem einzigen Schritt« war unser Mantra, als wir beim Aufstieg zum Risshakuji »Meilen« in »Schritte« umwandelten. Vom Eingang bis zum oberen Bereich des 860 gegründeten Tempels der buddhistischen Tendai-Schule führen 1015 Stufen (aber wer zählt schon mit!) durch dichten Wald, vorbei an Steinstatuen, Laternen, Wald- und Felsformationen. Dieser Pilgerweg ist eine echte Prüfung für Gläubige (man sagt, dass die irdischen Wünsche mit jedem Schritt verschwinden) und alle anderen, die sich einen Tempel mit fantastischer Aussicht in den Kopf gesetzt haben.

Im dichten Grün des Walds bietet das riesige Schrägdach des Tempels einen beeindruckenden Anblick. Noch beeindruckender ist der uralte dunkelrote Nokyodo-Sutras-Speicher, der prekär auf einem kantigen Felsvorsprung vor der Kulisse nebliger Berge und ferner Täler thront. Von der Godaido-Aussichtsplattform aus hat man einen atemberaubenden Blick auf die grüne Weite.

Wer den steilen Weg nicht antreten kann, dem wird das kleine malerische Dorf am Fuß des Bergs gefallen. Von dort sind rund 30 Tempel und Schreine zu sehen, die sich eisern an die steilen Felswände des Bergs klammern. Essen Sie lokale Spezialitäten wie Soba-Nudeln, gönnen Sie sich danach ein Softeis mit Süßkartoffel- oder Edamame-Geschmack und kaufen Sie sich auf jeden Fall eine der kleinen Jizu-Figuren, Beschützer der Reisenden. Zu Hause können Sie sie zur Erinnerung an Ihr Abenteuer auf Ihren Schreibtisch stellen.

Auch der Dichter Matsuo Basho pilgerte nach Yamadera, wo er eines seiner bekanntesten *haikus* verfasste:

»Stille –
den Fels durchdringt
das Zirpen der Zikade«

REISETIPPS

JAPAN RAIL PASS

Ein Japan Rail (JR) Pass ist günstig, wenn Sie mehr als eine lange Fahrt mit dem Shinkansen (Hochgeschwindigkeitszug) unternehmen. Der Preis für eine Hin- und Rückfahrt von Tokyo nach Kyoto ist etwas günstiger als der für einen Sieben-Tage-Bahnpass. Wenn Sie mit dem Zug durch Japan fahren möchten, sparen Sie mit dem JR Pass viel Geld.

Der Pass gilt für nicht japanische Staatsbürger, kann vor der Einreise (online oder im Reisebüro) gekauft werden und ist ab dem von Ihnen gewählten Datum für sieben, 14 oder 21 Tage gültig. Sie können ihn auch etwas teurer in Japan kaufen. Sie haben die Wahl zwischen der normalen und der grünen Klasse (eine Art Businessclass). Gegen Vorlage der Quittung erhalten Sie den Pass an Fahrkartenschaltern von Japan Rail (in größeren Bahnhöfen oder am Flughafen) – rechnen Sie mit einer Warteschlange. Der Pass kann nicht ersetzt werden, passen Sie also auf, dass Sie ihn nicht verlieren!

In den Shinkansen gibt es meist einige wenige nicht reservierte Wagen, aber ohne Reservierung haben Sie keinen Anspruch auf einen Sitzplatz. In der grünen Klasse müssen Sie Plätze reservieren. Der Japan Rail Pass ist im schnellsten Hochgeschwindigkeitszug, dem Nozomi, nicht erhältlich.

Kommen Sie immer ein wenig zu früh zu Ihrem Zug – japanische Züge sind berühmt für ihre Pünktlichkeit – und studieren Sie Ihre reservierte Fahrkarte, damit Sie bei Einfahrt des Zugs schon am richtigen Wagen stehen. Manche Langstreckenzüge trennen sich auf der Strecke, sodass Sie wirklich am richtigen Platz sein müssen, um ein Desaster zu vermeiden. Viele Shinkansen verfügen über Ladegeräte und alle haben Toiletten an Bord.

Japan Rail betreibt die meisten Schnellzüge im Land, aber es gibt auch viele private Gesellschaften. Der JR Pass ist nur in den Zügen von Japan Rail gültig. In und um Tokyo, Kyoto und anderen Großstädten fahren viele private Betreiber, und in manchen kleineren Städten gibt es noch andere private, landschaftlich schöne Bahnstrecken. Der JR Pass gilt nicht in den Zügen von Odakyu, Kintetsu, Keio, Tokyo Metro, Tobu, Tokyu, Keisei, Seibu, Nishitetsu, Nankai, Hankyu, Keihan, Hanshin, Meitetsu und Keikyu.

EKIBEN

Zum Spaß am Zugfahren in Japan gehört, unterwegs eine Bento-Box zu essen und ein seltsames Getränk zu trinken. *Eki* bedeutet auf Japanisch »Bahnhof«, *ben* ist die Abkürzung für Bento. *Ekiben* sind in größeren Bahnhöfen erhältlich – wir finden, die besten bekommt man hinter den Sperren. Wir sind immer eine halbe Stunde früher am Bahnhof, damit wir Zeit zum Aussuchen haben, und planen unsere Ausflüge oft um die Essenszeiten herum. Bento sind auch in Lebensmittelläden und Kaufhäusern erhältlich.

Wenn auf den *Ekiben*-Verpackungen ein Tempel oder ein Schrein aus der Stadt, die Sie besuchen, abgebildet ist, enthalten sie Spezialitäten der Region. Wenn Sie Vegetarier sind, halten Sie Ausschau nach einem *Yasai*-(Gemüse-)Bento oder wählen Sie ein Mittagessen aus *onigiri* (Reisbällchen) mit *umeboshi* (Salzpflaumen), einem ganzen *tamago* (Ei), Gemüse oder Seetang als Füllung. In einigen Shinkansen können Sie *ekiben*, Snacks und Getränke an Bord kaufen.

TAXIS

Taxistände finden Sie vor Bahnhöfen, Busbahnhöfen und größeren Läden. An freien Taxis leuchten nachts die Dachschilder. Achten Sie auf die Anzeige in der Ecke der Windschutzscheibe. 空車 bedeutet »frei« und kann rot leuchten, 賃走 oder 実車 bedeutet »besetzt« und kann grün leuchten. Die ersten zwei Kilometer kosten rund 500 bis 700 Yen, danach werden pro 300 bis 400 Meter 80 bis 90 Yen berechnet.
Seien Sie freundlich – ein einfaches »Hallo« *(konnichiwa)* beim Einsteigen bricht das Eis. Wenn Sie eine Adresse auf Japanisch haben, kann sie der Fahrer in sein Navi eingeben. Trinkgeld ist nicht nötig, aber Sie können den Endbetrag aufrunden.

ÜBERNACHTEN IM *RYOKAN*

Japan bietet ein Spektrum von Unterkünften für jeden Geldbeutel, in einem *ryokan* sollten Sie zumindest einmal übernachten. Diese traditionellen Gasthäuser bieten eine oder zwei speziell zubereitete Mahlzeiten (in einigen kann das Abendessen auf dem Zimmer serviert werden) und ein Bad an. Die Gästezimmer sind mit *Tatami*-Böden und Tisch in der Mitte eingerichtet. Check-in- und Essenszeiten sind streng, in manchen *ryokan* kann man abends nicht ausgehen. Ein Aufenthalt in einem *ryokan* ist ein unvergessliches Erlebnis, das wir uns zu Geburtstagen, Jahrestagen und anderen besonderen Anlässen gönnen.

Ryokan können 500 Jahre alt sein. Zum Erlebnis gehören die Übernachtung in einem traditionellen japanischen Zimmer auf einem Futon und ein Bad in einer heißen Quelle, entweder im Zimmer oder in einem der Frauen- und Männerbecken des *ryokan* (es gibt Innen- und Außenbäder).

Nach dem Abendessen wird Ihr Zimmer mit gemütlichen Futons und Kissen hergerichtet. Einige *ryokan* verfügen über moderne Zimmer, wenn Sie lieber in einem Bett schlafen. Wir suchen immer nach einem *ryokan* mit einem reservierbaren Privatbad oder einem *Onsen*-Becken im Zimmer. Der Preis für einen Aufenthalt in einem *ryokan* mag teuer erscheinen, enthält aber auch die Mahlzeiten.

WÄHRUNG

Japans Währung ist der Yen (¥). Im Umlauf sind Scheine im Wert von 1000, 2000, 5000 und 10 000 sowie Münzen im Wert von 1, 5, 10, 50, 100 und 500 Yen. 5- und 50-Yen-Münzen haben ein Loch in der Mitte.

Die Mehrwertsteuer beträgt in Japan zehn Prozent. Der Steuersatz für Lebensmittel, Getränke und Zeitungsabonnements liegt bei acht Prozent. Manchmal ist die Steuer im angegebenen Preis inbegriffen, oft aber auch nicht. Manchmal kommt noch eine »Servicegebühr« hinzu – in Hotels und Restaurants kann sich das summieren. Fragen Sie immer vorab nach allen zusätzlichen Kosten.

Nicht alle Geldautomaten akzeptieren internationale Karten. Wenn Sie Bargeld brauchen, sollten Sie eine Seven Bank aufsuchen. Sie finden sie in 7-Eleven- und anderen Läden. Internationale Geldautomaten gibt es in manchen großen Läden und Kaufhäusern sowie in den meisten Postämtern.

MINIMÄRKTE

Minimärkte heißen *konbini* und sind hervorragend sortiert. Neben einer beeindruckenden Auswahl an Lebensmitteln und Getränken erhalten Sie dort Handtücher, Deos, Unterwäsche, Gesichtscremes, Sonnenschutz, Handy-Ladegeräte und – je nach Größe und Lage des Ladens – vieles mehr.

ESSEN UND TRINKEN

Informieren Sie sich über die Öffnungszeiten von Cafés und Restaurants. Die meisten Cafés und Bars sind unter der Woche einen Tag geschlossen, viele Cafés öffnen um 11 oder 12 Uhr. Mittagessen bekommt man zwischen 11:30 und 14 oder 15 Uhr. Vergewissern Sie sich, wann die letzte Bestellung getätigt werden muss, um nicht leer auszugehen.

Mittagsmenüs sind vor allem in Lokalen mit teurem Abendessen eine sehr günstige Option. Beim spannenden *omakase* (Auswahl des Küchenchefs) entscheiden die Köche für Sie. In Lokalen stehen am Eingang oft Plastikmodelle von Speisen, viele Cafés haben bebilderte Speisekarten: Beim Bestellen deutet man einfach auf das gewünschte Gericht. Wenn Sie kein Japanisch sprechen, bitten Sie Ihr Hotel, für Sie zu reservieren. Die meisten Lokale schenken Alkohol aus.

Stecken Sie Essstäbchen nie senkrecht in eine Reisschüssel, dies ist ein Beerdigungsbrauch. Reichen Sie anderen kein Essen mit Stäbchen, spießen Sie damit kein Essen auf (okay, das haben wir wohl schon gemacht) und ziehen Sie nicht mit den Stäbchen Schüsseln heran. Getränke schenkt man erst den anderen und zum Schluss sich selbst ein.

Trinkgeld gibt es in Japan nicht, es würde sogar Verwirrung stiften.

R E I S E T I P P S

VERKAUFSAUTOMATEN

Getränkeautomaten gibt es überall, und die Auswahl an Getränken ist sehr groß. Im Winter können Sie sowohl Heiß- als auch Kaltgetränke wählen, und vielleicht entdecken Sie sogar kleine Dosen mit heißer Suppe.

SHOPPING

Wenn Sie einen Laden oder ein Restaurant betreten, begrüßt Sie das Personal mit *irasshaimase* (»Sie sind willkommen«). Darauf gibt es eigentlich keine Antwort, aber manchmal ist das so nett, dass man etwas erwidern möchte. Sagen Sie einfach *konichiwa* (»Hallo«).

Führen Sie Ihren Reisepass mit sich, damit Sie in großen Kaufhäusern oder Läden mit einem »Tax free«-Schild Waren im Wert von über 10 000 Yen steuerfrei kaufen können. Gehandelt wird in Japan nur auf Märkten unter freiem Himmel. Viele größere und einige kleinere Läden bieten einen Steuerrückerstattungsservice an, der sich vor allem bei teureren Artikeln lohnt.

MÜLLEIMER UND RECYCLING

Kaufen Sie wiederverwendbare Essstäbchen und nehmen Sie wiederverwendbare Wasserflaschen und Behälter mit, damit Sie Einwegartikel möglichst vermeiden. Und vergessen Sie nicht Ihre Einkaufstasche, um nicht zu viel Abfall zu produzieren.

Mülleimer sind in Japan nicht sehr verbreitet, also entsorgen Sie Ihren Abfall, wenn Sie einen sehen. Häufig sind sie nach recycelbarem Abfall getrennt wie PET-Flaschen (gelb), brennbare Abfälle (rot), Flaschen und Dosen (blau) sowie Kunststoffe (grün).

ETIKETTE

Manieren sind in Japan sehr wichtig, seien Sie also immer so höflich wie möglich. Behandeln Sie jeden mit Respekt – und der Respekt wird Ihnen entgegengebracht. Je tiefer sich jemand verbeugt, desto mehr Respekt zeigt er Ihnen. Die meisten jüngeren Leute verbeugen sich nicht mehr so oft, aber ein leichtes Kopfneigen ist nie verkehrt.

Ziehen Sie Ihre Schuhe aus, bevor Sie einen Bereich mit *Tatami*-Matten oder ein Privathaus betreten. In vielen Restaurants müssen Sie ebenfalls Ihre Schuhe ausziehen, aber das Personal wird Sie darauf hinweisen (die in der Regel bereitgestellten Schlappen sind für den Gang zur Toilette). In moderneren Restaurants müssen Sie sich darüber keine Gedanken machen. In Bekleidungsläden müssen Sie oft Ihre Schuhe vor dem Betreten der Umkleidekabine ausziehen.

Wenn Sie krank sind, gebietet es die Etikette, eine Gesichtsmaske zu tragen.

Nehmen Sie keinen nassen Regenschirm mit in einen Laden, benutzen Sie die dafür vorgesehenen Taschen oder Ständer.

WEBSITES UND APPS

hyperdia.com Auf Hyperdia finden Sie detaillierte JR-Fahrpläne, Plattforminformationen, Reisedauer und exakte Entfernungen, die Ihnen bei der Organisation Ihrer Reise helfen. Drucken Sie Ihren Fahrplan aus und gehen Sie damit zu einem Japan-Rail-Schalter, um Ihre Tickets zu buchen. Website und App sind benutzerfreundlich und leicht verständlich.

japaneseguesthouses.com Hervorragend, um Übernachtungen in *ryokan* zu buchen.

japan.travel/de/de Die offizielle Website von Japan Tourism mit vielen tollen Informationen.

kyoto.travel/en Eine hervorragende Informationsquelle für Reisen in Kyoto.

dewasanzan.com Wissenswertes über die »Drei Berge von Dewa«.

SPRACHE

Aussprache

Japanisch hat fünf Vokale – a, i, u, e, o –, die wie im Deutschen ausgesprochen werden.

Wenn zwei Vokale nebeneinanderstehen, spricht man sie als zwei getrennte, aufeinanderfolgende Vokale aus. Einfach! Der Buchstabe »r« wird als Mischlaut aus »r« und »l« ausgesprochen; am besten lässt er sich als »r« mit der Zunge am Gaumen aussprechen.

Nützliche japanische Schriftzeichen

Japan 日本
Tokyo 東京

Bahnhof 駅
Yen 円

Männlich 男
Weiblich 女

Eingang 入口
Ausgang 出口

Norden 北
Süden 南

Osten 東
Westen 西

Sprachführer

Sprechen Sie Englisch?
Eigo o hanashimasu ka?

Ich verstehe nicht.
Wakarimasen.

Hallo
Konnichiwa

Guten Morgen
Ohayou gozaimasu

Gute Nacht
Oyasuminasai

Auf Wiedersehen
Sayonara

Bis später
Mata ne

Freut mich, Sie kennenzulernen
Hajimemashite

Bitte
Dozo (wird in der Regel beim Anbieten und nicht beim Bitten verwendet)

Danke schön
Arigato oder *arigato gozaimasu*

Vielen Dank
Domo arigato

Entschuldigung
Sumimasen

Wie geht es Ihnen?
Genki desu ka?

Mir geht es gut.
Genki desu oder *genki*

Wie viel kostet das?
Ikura desu ka?

Köstlich
Oishii

Kann ich bitte die Rechnung haben?
Okanjo onegaishimasu?

Taxi
Takushi

Prost!
Kanpai!

Das war sehr köstlich/ein wahres Festmahl!
Gochisousama deshita!
(Nach einer köstlichen Mahlzeit)

Ich liebe *onsen*!
Watashi wa onsen ga daisuki!

Ich spreche nicht Japanisch.
Nihongo ga wakarimasen.

Nützliche Sätze zu medizinischen Themen

Wo ist das nächste Krankenhaus?
Mottomo chikai byoin wa doko desu ka?

Bitte rufen Sie einen Krankenwagen.
Kyūkyūsha o yonde kudasai.

Wo ist die nächste Apotheke?
Mottomo chikai isha wa doko desu ka?

Ich fühle mich nicht gut.
Kibun ga yokunai oder *kibun ga warui.*

Ich habe Fieber.
Netsu ga arimasu.

Ich habe Husten.
Seki ga demasu.

Ich habe Kopfschmerzen.
Atama ga itai desu.

Ich habe Bauchschmerzen.
Onaka ga itai desu.

REISETIPPS

MEDIZINISCHE HILFE

Informieren Sie sich gründlich über Ihre Reiseversicherung und wählen Sie eine für Sie geeignete aus.

In großen Städten stehen *koban* (Polizeihäuschen) an großen Kreuzungen und belebten Plätzen. Am besten finden Sie gleich in den ersten Tagen ein *koban* (die Polizeihäuschen sehen ganz anders aus als im Westen). Die Polizei hilft Ihnen bei allen Fragen, von der Wegbeschreibung bis hin zu Problemen, und gibt Ihnen Ratschläge, wo Sie medizinische Beratung finden.

Informationsstände gibt es in Bahnhöfen und an vielen belebten Orten in Japan. Sie helfen Ihnen bei der Suche nach medizinischer Hilfe.

Auch Ihr Hotel wird Ihnen in puncto medizinischer Hilfe helfen.

NOTFALLNUMMERN

Diese Nummern können 24 Stunden am Tag, 365 Tage im Jahr angerufen werden, sofern nicht anders angegeben.

Polizei 110

Feuerwehr/Ambulanz 119

Japan Helpline +81-570-000-911

Tokyo Multilingual Call Center
+81-120-805-261

Polizeiliche Beratung auf Englisch
+81-3-3503-8484
(Mo – Fr 8:30 –17:15 Uhr)

GLOSSAR

Chawan Matcha-Schale

Fusuma elegant bemalte Schiebetüren

Geiko oder Geisha traditionelle japanische Unterhaltungskünstlerin

Haiku kurze japanische Gedichtform

Hanami Kirschblütenzeit

Hina-Matsuri Mädchenfest am 3. März

Hojicha gerösteter grüner Tee

Ikebana oder Dado Kunst des Blumenarrangierens oder Weg der Blumen

Izakaya japanische Bar oder Kneipe, in der Essen und Getränke serviert werden

Kaiseki ryori traditionelles japanisches Bankett

Kakigori geschabtes Eis

Kami im Shinto verehrte Geister oder Götter

Kanji japanische Schriftzeichen chinesischen Ursprungs

Katomado blüten-/glockenförmiges Fenster

Kintsugi »Goldflicken«, zerbrochene Keramik mit Gold reparieren (die Kunst der sichtbaren Reparatur)

Kissaten Retro-Café

Kodo Wertschätzung des Räucherwerks oder Weg des Dufts

Kokedama Mooskugel

Machiya traditionelles hölzernes Stadthaus

Maiko Geisha oder Geiko in Ausbildung

Mingei Volkskunst

Momiji Herbstlaub

Noren traditionelle Stoffvorhänge an Eingängen oder als Raumteiler

Omotenashi herzliche Gastfreundschaft

Onsen Thermalbäder

Rotenburo *Onsen*-Außenbad

Ryokan traditionelles Gasthaus, kann *Tatami*-Matten, *onsen*, Garten und Gemeinschaftsbereich umfassen

Sakura Kirschblüte

Sencha Grüntee

Sento öffentliches Bad mit normalem Wasser (nicht heißes Quellwasser)

Shakkei »geborgte Landschaft«

Shinkansen Hochgeschwindigkeitszug

Shinrin yoku Waldbaden

Shinto eine Naturreligion, Japans größte Religion

Shoji traditionelle lichtdurchlässige verschiebbare Raumteiler/Türen/Fenster

Shojin ryori traditionelles vegetarisches mehrgängiges Mahl, wird oft in buddhistischen Tempeln serviert

Shukubo Tempelunterkunft

Tatami traditionelle japanische Bodenmatten mit einer Oberfläche aus weichen Binsen

Teishoku einfache hausgemachte Mittags- oder Abendmenüs

Umami intensive, pikante Geschmacksrichtung

Wabi-sabi Akzeptanz der Vergänglichkeit und Unvollkommenheit

Wagashi japanische Süßigkeiten

Yuba Tofuhaut

Yuka auf Hochglanz polierte Böden

Yukata Sommerkimono aus Baumwolle

Zazen Zen-Meditation

Zen eine Strömung des Buddhismus

EPOCHEN

Nara und Heian (794–1185)
Kamakura (1192–1333)
Muromachi (1336–1573)
Azuchi-Momoyama (1573–1603)
Edo (1603–1867)
Meiji (1868–1912)
Taisho (1912–1926)
Showa (1926–1989)
Heisei (1989–2019)
Reiwa (2019 bis heute)

REGISTER

REGISTER

Bildnachweis

Alle Bilder von © Steve Wide und Michelle Mackintosh, außer folgenden:

Umschlag Vorderseite, 126f: Hoshinoya Fuji; 8: © Armelle Habib; 45, 152, 202, 203: Shutterstock; 6, 80, 94f: © Sakurai Kokeshi; 10: © Hiki Komura; 31: © Kenninji-Tempel; 32: © Ninnaji-Tempel; 37: © Σ64, Wikicommons, GNU Free Documentation License; 38f: © Hotokuji-Tempel; 46f: © Nishinotoin Teeladen und Motoan Teehaus; 49: © 663highland, Wikicommons, GNU Free Documentation License; 50f: © Taihoan; 52: Nakamura Tokichi Honten © Dick Thomas Johnson Wikicommons, Creative Commons Attribution 2.0 Generic license; 42, 54f: © Tokoan; 55: Joan © Suikotei, Wikicommons, Creative Commons Attribution-Share Alike 4.0 International license; 63 unten rechts, 73 unten: © Zao Onsen; 65: © Stephanie Rooney; 67 unten: © Sainokawara-Park; 68: © Genji no Yu; 70: Photo 69135058 © Phuongphot, Dreamstime.com; 78: © Ryokan Sanga; 84f: © Yamada-Matsu; 86: © Kyoto Shibori Museum; 87: © Taizoin-Tempel; 88: © Ikenobo; 89: © roberthardin, Alamy Stock Photo; 91 oben: © Takumi no Sato; 92f: © Minshuku Furuki; 97: Lazartiva, iStock Photo; 107: © Tocen Goshobo; 116, 122f: © Kishi-ke; 120f, Umschlag Rückseite unten links: © Hotel Wood; 128f, 159 unten: © Treeful Treehouse; 130: © Yasuesou; 131: © Minshuku Kanja; 132f, 159 rechts: © Hatcho no Yu; 134: © Forest; 135: © SSimon, Wikicommons, Creative Commons Attribution-Share Alike 3.0 Unported license; 136, 139 oben, 142f: © Shunkoin-Tempel; 139 oben, 148f: © Kakurinbo Shukubo; 142f: © Chionin Wajun-Kaikan; 146: © Rokuoin-Tempel; 147: Daihonzan-Eiheiji-Tempel © Tak H, Wikicommons, Creative Commons Attribution-Share Alike 2.0 Generic license; 150f: Daishinbo Shukubo © Timothy Bunting; 154f: © Tsushima-Seizanji-Tempel; 163: Lukas, Wikicommons, Creative Commons Attribution 2.0 Generic license; 166: Sankeien Garden © 雷太, Wikicommons, Creative Commons Attribution 2.0 Generic license; 167: Koishikawa Korakuen © 公益財団法人 東京都公園協会, Wikicommons, Creative Commons Attribution 4.0; 173: © Yuushien Garden; 179 oben: © Go! Nagano; 181: © Osaka Convention & Tourism Bureau; 182, 193 oben, 195 unten: © JNTO; 191: © Susann Schuster (Unsplash); 193 unten: © Timothy Bunting; 195 oben: © Reggaeman, Wikicommons, Creative Commons Attribution- Share Alike 3.0 Unported license; 207: © Shiba Ryotaro Memorial Museum Library; 209: © Mount Yoshino © Luka Peternel, Wikicommons Creative Commons Attribution-Share Alike 4.0 International license.

ÜBER DIE AUTOREN

Steve Wide und **Michelle Mackintosh** sind seit ihrem ersten Besuch in den späten 1990er Jahren von Japan fasziniert. Sie leben in Melbourne, Australien, und bezeichnen Japan heute als ihr »zweites Zuhause«, wo sie mindestens drei Monate im Jahr verbringen. Steve, Reise- und Popkultur-Autor mit einem Master-Abschluss in kreativem Schreiben, hat zehn Bücher über Musikgenres und -ikonen geschrieben. Er moderiert zudem eine seit Langem laufende Indie-Radiosendung auf 3RRR FM in Melbourne, hat mit einigen der einflussreichsten Indie-Bands Interviews geführt und als DJ aufgelegt. Michelle ist eine preisgekrönte Buchdesignerin und Illustratorin und hat drei Bücher geschrieben: *Snail Mail*, *Care Packages* und *Sustainable Gifting*. Ihre Arbeiten wurden in Tokyo ausgestellt, darüber hinaus wird ihr Geschenkpapiersortiment in Japan verkauft. Steve und Michelle haben zusammen sieben Bücher über Japan geschrieben, gestaltet und illustriert, die in mehrere Sprachen übersetzt wurden.

DANKE

Wir bedanken uns achtsam für die wunderbare Arbeit an diesem Buch bei Melissa Kayser, die das Konzept entwickelte und überwachte. Bei unserem Dreamteam, das unermüdlich daran arbeitete, dass alles mehr als perfekt ist: Megan Cuthbert, die das Projekt leitete und bis ins kleinste Detail an Gestaltung und Lektorat arbeitete, Alice Barker, die die Texte fein säuberlich durchkämmte und meisterhaft lektorierte, Megan Ellis, die exzellent gestaltete und setzte, Rosanna Dutson, die akribisch Korrektur las, Hikaru Komura, der fachmännisch die *kanji* korrigierte. Vielen Dank an folgende liebe Menschen für ihre großzügige Hilfe mit Bildern und Details: Yuko Fujii von der Regierung der Präfektur Gunma, Yuka Shimizu und Yusuke Harada von Hoshinoya Resorts, Alison Roberts-Brown, offizielle Vertreterin der Kyoto City Tourism Association in Australien, Tourism Garden Pty Ltd, Timothy Bunting von dewasanzan.com, Vincent Penez von Japanese Guest Houses, Osaka Info, Hiki Komura, Makiko Sugita und allen Institutionen, die großzügig Bildmaterial zur Verfügung stellten. Vielen Dank an Miss Jane für ihre aufmunternden Worte und wie immer an unsere Familie, unsere japanische Familie und unsere Freunde, deren Liebe, Großzügigkeit und Unterstützung uns alles bedeutet. RIP Bronte, dein achtsames Herumtollen in unserem japanischen Garten werden wir nie vergessen.

Für die Originalausgabe:

Verlagsleitung Melissa Kayser
Lektorat Megan Cuthbert, Alice Barker
Japanische Sprachberatung Hikaru Komura
Design Michelle Mackintosh
Satz Megan Ellis
Register Max McMaster
Repro Megan Ellis und Splitting Image Colour Studio

Für die deutsche Ausgabe:

Verlagsleitung Monika Schlitzer
Programmleitung Heike Faßbender
Redaktionsleitung Stefanie Franz
Herstellungskoordination Antonia Wiesmeier
Herstellung Stefanie Staat

Übersetzung Barbara Rusch, München
Redaktion Dr. Gabriele Rupp, Krailling
Schlussredaktion Philip Anton, Köln

Titel der englischen Originalausgabe:
Mindfulness Travel Japan

Das Original erschien 2022 bei Hardie Grant Explore, ein Imprint von Hardie Grant Publishing, Melbourne und Sydney
www.hardiegrant.com/au/explore

ISBN 978-3-7342-0700-6

2 3 4 26 25 24

Druck und Bindung Leo Paper Products Ltd, China

MIX
Paper | Supporting responsible forestry
FSC® C020056

www.dk-verlag.de